开启"教学论文"之门的钥匙

"新·巧·高·精·活"理论下的创作思考与实践

熊星灿◎著

中国出版集团　现代出版社

图书在版编目(CIP)数据

开启"教学论文"之门的钥匙："新·巧·高·精
·活"理论下的创作思考与实践 / 熊星灿著. — 北京：
现代出版社，2021.5

ISBN 978-7-5143-9222-7

Ⅰ.①开… Ⅱ.①熊… Ⅲ.①中学教育—教育研究
Ⅳ.①G632.0

中国版本图书馆CIP数据核字（2021）第087142号

开启"教学论文"之门的钥匙："新·巧·高·精·活"理论下的创作思考与实践

作　者	熊星灿
责任编辑	张桂玲
出版发行	现代出版社
地　址	北京市安定门外安华里504号
邮政编码	100011
电　话	010-64267325　64245264
网　址	www.1980xd.com
电子邮箱	xiandai@cnpitc.com.cn
印　制	北京政采印刷服务有限公司
开　本	710mm×1000mm　1/16
印　张	10.75
字　数	172千
版　次	2022年4月第1版　　2022年4月第1次印刷
书　号	ISBN 978-7-5143-9222-7
定　价	45.00元

学而不厌
诲人不倦
志存高远
与时俱进

贺恩师大作出版

钟巍 於广州

钟　巍

　　华南师范大学博士生导师，地理科学学院副院长。现任广东地理学会地貌第四纪专业委员会副主任、全国高等师范院校《地球概论》教学研究会副理事长、中国地理学会环境变化专业委员会委员、第三届中国第四纪研究会热带亚热带专业委员会委员、广东省地质学会第八届理事会第四纪地质环境专业委员会委员、广东地理学会理事、新疆师范大学客座教授、兰州大学兼职教授、福建师范大学"湿润亚热带地理与生态过程"教育部重点实验室学术委员会委员。已发表研究论文近140篇，参编专著及教材5部，荣获省部级奖励多项。

岁晚益多

张争胜

华南师范大学地理科学学院副院长、硕士生导师，全国高校《中国地理》教学
研讨会副理事长，中国地名文化遗产保护促进会理事，广东省高等学校"千百十工
程"培养对象，广州城市可持续发展学会理事，广东省开发建设项目水土保持方案
评审专家。

目 录 |

上篇　理论篇

上 篇

理 论 篇

教学论文是探究教学问题、论证教学原理的文章。教学论文的主要表达方式是议论。它通过概念、判断、推理等逻辑方式来阐明人们对教育教学工作及其规律的认知，是通过摆事实、讲道理来论述教育观点的文章。广义的教学论文形式多种多样，主要有经验总结、调查报告、实验报告、专论评述、学位论文、学术性文章等。狭义的教学论文是对某一特定教学问题专门研究和论述的文章。也就是说，教学论文既是教育工作者探讨教育现象及其规律并进行教学研究的一种手段，也是描述教学研究成果、开展学术交流的一种工具。

教师坚持撰写教学论文不仅有益于先进教育思想的传播、新的教学方法的推广、日常教学质量的提高，也有利于教师自身的教育理论水平和业务能力的提升。可以说，对于一个教育工作者来说，如果教而不研或研而不写，那么再有价值的教育问题、教育思想都无法产生深远的影响和辐射作用。正如全国著名特级教师李吉林所说："写作就是研究。"没有写作，研究成果往往会呈现碎片化、思绪化、临时性特征，写作是对这些研究成果的归纳、整理和提升，也可以说是对平时教学研究的"二次开发"。另外，写作比平时或一般的研究过程更加科学严谨，因而经常能解决或发现新的问题，成为新一轮研究的起点和动力。研究并非写作，但写作离不开研究。没有研究，写作必将是无本之木、无源之水。

为此，我们必须重视教学论文的创作技巧。教学论文写什么？我们不妨从以下三个方面下功夫：第一，将问题变成论文。例如，《普通高中地理课程标准（2017年版）》中规定培养学生的综合思维能力，那么，什么是综合思维？教学中怎样培养综合思维能力？可以将研究成果通过论文的形式予以呈现。第二，将想法变成论文。把自己的教学设想，经过提炼加工，形成论文。第三，将做法变成论文。把在教学中的具体做法经过提炼整理成教学论文。例如，一堂公开课的教学与反思，可经过自我深度研究提炼出有新意、有内涵的观点，进而运用凝练的语言创作成论文。

教学论文怎么写？首先，必须把握论文写作的基本原则：①科学性。科学性是指除了论点能更大限度地反映教学问题、现象的本质及其关系外，其论证务必符合逻辑，表达能让别人理解，具有一定的指导价值。②创新性。论文的创新性是相对的，主要包括两个方面：一方面，尽量提出别人在教育教学领域还没有涉及的问题；另一方面，虽然是别人研究过的问题，但能够用自己周密独特的分析从新的角度提出一些新的见解，给人以新的启示或新的结论。比如，课改初期，人们总是把知识与文化、能力与素养、创新同创造混为一谈，张冠李戴的现象屡见不鲜，为此，我们可以通过论述加以辨析。③实用性。论文所提出的观点或理论对别人的教育教学实践具有切实可行的指导意义。其中不乏可以直接拿来或者适当改造之后加以应用的案例，其启迪示范、辐射引领作用十分突出。其次，驾驭好教育教学论文的基本要素：论点、论据、论证。要有鲜明深刻、富有创意的论点，要有雄辩有力、十分充实的论据，要有科学严谨、无懈可击的论证。最后，注意在教学论文的结构建构上下足功夫。教学论文一般都是先提出问题，然后剖析论证，最后解决问题。这种撰写过程的思路基本上呈现了教学论文的结构引论、本论和结论三个部分。引论又称导论、绪论，是教学论文的开头部分，通常是提出问题、明确中心；本论又称正文，是教学论文分析和论证问题的主体部分；结论是一篇论文的结尾，它强调在论证的基础上得出结论、突出论点。论文写作一般要经历以下五个步骤：选择主题、收集资料、构思提纲、撰写初稿、修改润色。教学论文写作中出现问题在所难免，修改环节十分重要，从修改内容上来看，教学论文修改的着眼点主要是：论点是否正确，论据是否充分，论证是否合理，结构是否完整，词句是否贴切。尤其要注意审查选材、标题与语言，选材是写作的基础，对于教学一线的教师来说，习惯于教育教学行动研究与案例分析，我们尽可能选择符合自己特长、相对熟悉、内容新颖的题材，切口尽量要小一点，挖掘尽可能深一些，只有这样，才能写出有一定学术与社会价值的论文。朱永新教授认为："中小学教育科研应该从记录教育现象、记录自己的思路开始，把这一串串的'珍珠'用教育理论串起来，那就是一条美丽的项链。"同时不要忽视题材所涉及的教育理论，高品质的教学论文需要事实与事理论证的紧密结合，相关理论主要来源于自己对教学实践的理性思考与名家哲人的名言摘录。标题是论文的灵魂，力求简明有亮点。常言道："题好一半文。""看书先看皮，看文先看题。"例如，《怎样实施地理概念教学》《研学旅行怎样体现"地理味"》《如何培养学生的地理逆向思维能力》《教学教学，有教有学》《纵容错误就是毁灭进步》《必要的惩罚也是现代教育不可缺失的元素》等。语言是论文的细胞，务必科学规范，教学论文带有一定的专业性，通过"增、删、改、换"的具体操作，使语言达到科学严谨的目的。

第一章

全面认识，准确驾驭——体现一个"新"字

第一节　教学论文的内涵与特点

一、教学论文的内涵

教学论文的内涵可以从两个方面来理解，即问题探究与教学总结。论文是对科学领域中的问题进行探讨、研究和描述学科研究成果的文章。也就是说，论文既是科研人员探讨问题、进行科学研究的一种手段，又是描述科学研究成果、进行学术交流的一种工具。教学论文是指教师和学生在教学活动中所撰写的与教学有关的专门性文章。教学论文的作者主体是教学活动的参与者，教学论文的研究对象相当广泛。本书所讲的教学论文是指中小学教师在教育教学工作中所撰写的教学论文，主要包括：在教学研究会议上发言交流的，呈交学校教导处存档的，选送教学研究会评比的，橱窗、板报上张贴的，投寄报刊发表的，在互联网站上交流的。

教学论文的论题范围一般较小，文字篇幅较短，通常在2000～5000字；教学论文在文体上比较宽泛，在形式上比较活泼，除了一般的论说文外，还可以有随笔、小评论、知识小品、教学后记、教育案例、教学经验总结、研究性学习报告、学生成长个案、班主任工作手记、学习心得体会等。

论文种类比较繁杂，它可以是否定某一学科领域中的某些旧观点，推陈出新，提出新见解；也可以是收集、整理一些分散的材料，使之系统化，用新观点、新方法加以论证，总结反思，加工提炼，得出新结论；还可以是在某一学科领域中，经过自己悉心研究、观察和实践，有所发现和创新，另辟蹊径，别出心裁，陈述新见解。教学论文的种

类很多，为了研究方便起见，我们尝试将其分为以下类别。

1. 按教学论文的内容性质，可将教学论文分为理论型和经验型两类

理论型教学论文主要是针对某方面的理论问题进行研究、分析和探讨。理论研究与理论创新是一种严谨的学术工作，大多是学者们的主攻方向，撰写理论型教学论文虽然预期的价值取向较高，但是对学识水平与思维探究能力要求很高，写作难度较大，尤其是中小学一线教师常常会对此感到非常吃力，甚至望而生畏、望而却步。经验型教学论文主要是对实践经验的总结、归纳和提炼。它又可分为具体经验和一般经验。经验型教学论文对于中小学教师和学生来说相对容易一些。这是大多数中小学教师撰写教学论文的首选，一般通过实践探索、实证研究、案例分析、经验总结、教学反思来呈现，大家喜闻乐见，成功的概率相对较高。

2. 按教学论文的论证方式，可将教学论文分为思辨型、实证型和调研型三类

思辨型教学论文侧重于理论思辨，对问题从理论上进行分析推理，或者运用理论武器批驳谬误，拨云见日，甄别是非。实证型教学论文侧重于用事实证明，用真人真事、鲜活材料证明某个道理或批驳某些奇谈怪论。调研型教学论文侧重于调查研究，通常是先做一线采访调查，而后围绕某一个中心问题进行深入透彻的分析研究，再写成调研文章。教学论文主要是应用现有的理论观点和材料，论述说明一个现实问题，验证某个理论观点或某种办法、策略的正确性，揭示其现实意义。教学论文是教师健康成长与持续发展的必修课程，也是其核心素养的体现。

3. 按撰文作者的人称关系，可将教学论文分为自述型和他述型两类

自述型教学论文是作者以第一人称方式论述自己的思想观点，讲述自己的个案故事。他述型教学论文是作者以第三人称手法或以旁观者的身份，介绍他人的思想见解，陈述他人经历的事件。

4. 按教学论文的目标指向，可将教学论文分为描述型、解释型和建议型三类

描述型教学论文侧重于描述某一现象或某个事件的状况，多为客观真实反映，一般很少做主观的评判分析。解释型教学论文侧重于说明某些现象发生的原因，解释之所以有所为有所不为的道理。建议型教学论文侧重于在分析研究的基础上提出一些相对合理且适用的建设性意见，为改进教学工作与促进师生学习提供咨询和参考。

5. 按教学论文的规范程度，可将教学论文分为规范型、随笔型两类

规范型教学论文符合一般学术论文的规范要求，论文有标题、署名、摘要、关键词、正文、附注、参考文献等项，规范型论文是目前论文创作的主流方向，尤其是公开发表或参赛的论文务必行文规范。随笔型教学论文写作没有统一、规范的格式，行文比较自由，形式也比较活泼。此外，教师辅导中学生撰写的各种论文，按照学科分类，称为相关学科小论文。

二、教学论文特点可以从五个维度来分析

教学科研论文最基本的特征是具有科学的理论结构、鲜明的论点、严密的论证和充足的事实材料，能对教学实践起指导作用，适用于所论述领域的普遍的学科教学问题。具体应包括如下特征。科学性，是指教学科研论文要以事实为依据，结论必须科学正确，并经得起实践的检验。在论文论述过程中，所得结论科学准确、切实可行。实践性，教学科研论文最终的意义在于指导并服务于教学实践，脱离了教学实践的教学研究好比空头支票没有实际价值。在论文创作中，必须拥有坚实的教学实践基础：其一，论文的论述部分理应包括丰富的教学事实材料，有很强的说服力；其二，教学科研论文的论点和结论能够在学科教学实践中经得起检验，具有较强的现实意义；其三，尽量渗透学科思想价值、核心素养，尤其有利于学生实践力的培育。思辨性，是针对整个论文体系而言的，主要包括两个方面：其一，具备有力充足的论据，包括调查、座谈、观察以及教学实验等众多素材。在论述中，教学的论据需要紧扣研究论点，不能牵强附会、生搬硬套、冗长拖沓。其二，拥有清晰准确的论点，教学科研论文所提出的总论点或分论点都要明确清晰，或采取先总后分的演绎论述方法，或采取先分后总的归纳论述方法。总论点和分论点的逻辑关系应合情合理、相互支持。系统性，教科研论文有严格的论述结构，不求华丽，而追求严谨，具有完整的结构，行文规范得体。谨防以下问题：选题不当、论据不足；结构不严、层次不明；语言不畅、表达不当；图文不清、形式不美。

1. 新：选题新颖，主题突出

教学论文所选的论题，应该反映先进的教育理念、新情况、新问题、新办法，读后使人感到耳目一新。所谓"新颖"，大致有四种含义：一是自己首先发现或提出来的；二是别人虽已提及，自己却有独到见解；三是补充别人提出的见解，使之更全面；四是提出的角度新颖，有发人深省的功效。所谓"主题突出"，是指"文章合为时为事而著"，所选论题对提高教育教学质量有利，对促进学习和提高素质有利，对充实和丰富教育理论有利。

2. 实：论据充分，有血有肉

教学论文通常要讲道理，以理服人。而道理要站得住脚，令人信服，就得有理有据。论据就是证明论点的事实和理由，是自己提出的主张和见解赖以确立的根据。如果论据不翔实、不可靠，就难以令人信服。论据主要有理论论据与事实论据两种。论证过程中要注意两种论据的有机结合，使教学论文写得有理有据、有血有肉、有情有义，富有较强的说服力。

3. 活：形式多样，不拘一格

撰写教学论文，可以在论说文的大范围内选择运用自己比较熟悉的写作形式来表达。可以写教学随笔、教后记、小品文；也可以写教育杂谈、读书笔记、研究性学习报告、班主任工作手记；还可以写教学经验总结、学生心理探微和教学设计等。不论何种形式，以自己写起来得心应手、游刃有余为好。

4. 小：以小见大，材料典型

教学论文的题目宜小不宜大，以写教育教学工作中一个专题、一个侧面、一个片段为好，不必面面俱到，但求一点突破，有所创新。我们撰写教学论文，理应具备"以小见大、平里出奇"的境界与技巧，通过翔实有力的材料深入分析解决问题。

5. 精：论证精辟，语言简洁

教学论文摆事实、讲道理，要紧扣文章所要论述的中心问题，不能节外生枝、喧宾夺主。论证力求精辟，文字精练准确，不说空话、套话和废话。文章写完后，至少看两遍，将可有可无的字、词、句删去。遣词造句，下笔成文，如行云流水，轻松自如，得体精当，使读者从字里行间能悟出真谛，受到启迪。

第二节　教学论文的功用与要求

论文是人类宝贵的精神财富之一，优秀的论文往往影响人们的思想，是社会进步发展的文化基础。论文是一种以文字为媒介表述研究成果的形式，也是测量作者问题研究能力与知识理论水平的重要手段。作者经过调查研究、收集资料、分析综合、理论论证等，得出一个结论或形成一个完整的理论体系，以解决某一实际或理论问题；论文创作是培养研究型人才的重要举措，既是作者学习研究的过程，也是写作能力综合素养锻炼提高的重要途径。从现实意义而言，教师要在学校中完成职称与名师评审等成长性目标，就必须会写论文。教科研是教师可持续发展的硬指标，然而，这正是我们许多教师的短板，不少同行被这一条硬指标卡住，甚至拒之门外，委实可惜。我们说，一名教师若只会按部就班地上课，那无异于被蒙上眼睛只会转圈拉磨的驴。教学是一种艺术，写作也是我们心目中的高雅艺术。怎样将它们有机结合，创造出属于自己的教学风格与教育思想，这应该是胸怀理想的教师终生追求的目标。凡是善于抓住教学闪光点利用教育时机的教师，只要将这一点一滴用文字进行总结，就等于在教学生涯中留下了一行行坚实的脚印。这是他们心血的结晶，也是教育人生的书写。因此，写好教学论文是收获教学的果实，为今后教学工作的腾飞奠基，为自己人生的旅程增添一个新高度、一条亮丽的起跑线。这是新时代的要求，也是新时代对广大教师继续教育学习的重要内容。课堂教学、科研活动、论文写作等都是我们中小学教师的专业和基本功，一个也不能少。为此，我们要大声疾呼：教师们赶快行动起来，积极开展教科研活动，突破瓶颈，超越自我，创造辉煌！

撰写教学论文是中小学教师应该具备的职业技能之一，也是目前教师自身发展的薄弱节点，它对于探索教育教学规律、交流工作经验、推动教科研改革具有十分重要的意义。

一、写教学论文的功用

1. 撰写教学论文，是中小学教师提高自身业务水平的途径和方法

撰写教学论文的过程，其实质就是通过课题研究，学习教育学、心理学等教育科学理论，提升学科专业素养，理论联系实际，发现问题、分析问题、解决问题的过程，也是在职教师自身获得成功体验的过程，更是一名教师走向成熟的必然过程。实践证明，创作教学论文，带着研究课题学习理论，收集有关信息资料，提炼主题撰写成文，这是教师一种不可或缺的有效进修学习活动，更是教师茁壮成长的必经之路。

2. 撰写教学论文，有利于启迪思维，提高科研能力，较好地落实科研兴教战略方针

撰写教学论文是一项艰巨的脑力劳动。不论是选题立意、组织材料、遣词造句、谋篇布局，还是逻辑推理、雄辩论证，写作论文对我们来讲都是一种严格的逻辑思维训练。为了把自己头脑中无形的思维活动变成有形的文字，我们需要反复推敲，通过积极参与论文写作实践活动，使自己对教育现象、本质及问题的看法更加全面深刻、科学系统。

教育科研是教育改革和发展的动力。为了改变过去那种经验型、粗放型、低层次的教育教学行为，必须依靠教育科研提高工作水平和工作质量。"科研兴教"是我们在教育发展的实践中从正反两方面得出的经验结晶和切身体验。实施"科研兴教"战略是深化教育改革、促进社会发展的必然要求，也是现代教育自我发展、自我完善、自我提高的需要，更是进一步提高广大教育工作者政治业务素质，提高教育教学质量的需要。如果一名教师对教育科研的重要性缺乏足够的认识，不能结合教育实践进行研究探索，只是长期埋头于日常的、琐碎的事务之中，那么他对自己的实践经验就不能很好地总结，

使之升华到理论高度；他对工作中遇到的新情境、新启示、新问题就不能善于辨析、探索，给予创造性的解决，那么他将永远停留在零碎的、具体的工作经验上，就不可能砥砺奋进、蜕变升华，自然会影响教学水平的提高和事业上的成就，也许只能一辈子做个"教书匠"。所以，一个能适应时代发展的教师，应该是既有高尚师德和深厚专业素养，又勇于探索、不断创造的新型教师。

3. 撰写教学论文，有利于反思日常工作之不足，发现教科研活动中存在的新问题

人们通常都有这样的体会：当我们完成一项工作，搞完一次活动，常常对于工作结果"自我感觉良好"。但事后用心回味，尤其是通过撰写教学论文时的理性思考，不难发现工作中确实还存在不尽如人意的问题。有些情况可能把握不准、了解片面，还需要进一步采取措施加以改进。所以，撰写教学论文，一方面见证了我们的教科研水平；另一方面将帮助我们发现问题、改进教科研方法、摆脱教学困境、提高教学质量，可谓一举多得。

4. 撰写教学论文，有助于他人学习提高，促进学术交流，推广教学成果

我们花费许多时间和精力完成的教科研工作，只要是实事求是、潜心探究，就值得写出来供同行参考借鉴。成功的经验当然可贵，失败的教训也不容忽视，当然，教学论文在报刊上发表或在研讨会上宣读交流，其社会影响更大、意义更深远。我们应该志存高远、坚定信念、学而不厌、笔耕不辍。教学出成果，妙笔谱华章；脱颖成名师，教育创辉煌。

撰写教学论文，我们必须坚持"爱""勤""严"的写作态度。首先要扎牢"爱"的根基。爱生活，乐观向上；爱教育，埋头苦干；爱学习，锲而不舍；爱研究，志为名师；爱写作，乐于笔耕。其次要体现一个"勤"字。勤能补拙，勤能启思，勤能生慧，勤辨是非，勤于实践，勤于探究，勤写文章，人生之计在于勤，天道酬勤。最后要蕴含一个"严"字。严肃认真，周密推理，专心撰写，科学表达，推陈出新，千方百计写好教学论文。

二、教学论文写作的基本要求

1. 选择有价值的话题作为论题

选题的最佳考虑：现实教育实践中存在大量问题，但并非所有问题均能成为论文研究的课题。有些问题的指向非常广泛，带有很大的普遍性，解决它们需要较多的时间和精力，对于普通研究者来说，限于自身素养与客观研究条件，并不适合论述；而有的又过于特殊，因缺乏普适价值而作罢。所以，我们必须广积素材、统筹兼顾，认真选择、反复推敲，将那些既有论证必要与新意，又有研究与推广价值的问题作为论题。

重点围绕符合时代发展要求、适应国家教育事业发展需要的题材做文章。教育科研的目的是推动和促进我国教育事业的健康发展，选题要着眼于社会效能和价值高低，注重研究能解决教育实践中具有普遍性与良好价值取向的问题。因此，作者应擦亮眼睛、开动脑筋，密切关注教育、教学改革的发展现状和动态。21世纪，我国基础教育研究的重点是践行素质教育，实现教育的现代化，培养并适应未来社会发展的创新人才。因此，在中小学教学领域，研究的重点应该是如何通过学科教学研究，培养学生的综合素质。

2. 有自己独特的见解

教学论文写作不宜人云亦云或天马行空，要充分体现自己的独立思考与学科素养。一方面要善于选择自己有浓厚兴趣的课题展开论述，兴趣是最好的老师，它会使人激发热情、下定决心、集中精力，坚持不懈、克服困难、争取胜利。另一方面要尽量选择能够充分发挥自己业务特长的题目写作，只有扬长避短，才能超越自我、有所突破、成就大作。

研究者应根据个人条件、能力选择和确立论题。有些题目很有价值，但能否写好却要另当别论。在选题时必须考虑，你对本专业领域中的哪一部分内容最熟悉、最有把握，能最快出成果，就选择哪个论题。教师在日常教学工作中，将自己独特观察、感悟、体验、探究和反思的问题大胆挑选出来，认真撰写出来，哪怕是幼稚的、肤浅的或一孔之见，也可以抛砖引玉，供大家研讨。

3. 有真实典型论据与科学系统论证

事实胜于雄辩，论文写作中我们一般强调让事实说话、让论据力证，选择自己详细占有材料的题目。从外因方面来说，资料是研究的基础，要充分掌握在题目限定范围内的素材，尽可能收集必要的、典型的新材料，以降低写作难度。教学论文的写作强调以理服人，道理要站得住脚，令人信服。论据就是证明论点的根据，是道理赖以明白的基础，如果论据不真实、不可靠，就难以令人信服。教学论文在论证过程中，对事物和现象的因果分析、对本质和规律的逻辑探究都必须以事实为依据，以认知为指导，力戒形而上学、主观臆想的不良思维方式。

4. 有华美的言辞和飞扬的文采

行文之气势，使人有一种扑面而来的凛然正气，无可辩驳、不容置疑，方可征服人心。文采，就是文字、辞章的华美与朴素之美。要下决心同那种全是陈述句、乱用标点符号的现象告别，切不可把教学论文定格为八股文，让读者味同嚼蜡，而应该打破思维定式，通过语言润色让论文活跃起来，适当地运用修辞手法，句子要长短相间、整散结合，语感要抑扬顿挫、饱含情韵，让读者在如沐春风、润物无声的赏析中深入思考、明辨事理、心悦诚服。

5. 有规范行文格式与成文标准

教学论文的撰写务必规范：从文章结构而言，主要包括论文题目、作者、摘要、关键词、正文、引用文献等内容；从论文要点而言，主要包括引论、本论、结论，即提出问题、分析问题、解决问题三部曲。在创作论文的过程中，我们应该高标准、严要求，确保论文的完整性、规范性、科学性，尤其是准备发表或参赛的论文更应严格要求，绝不马虎。此外，要强调在撰写教学论文过程中要特别注意资料的科学引用，一方面实事求是地评价和引用；另一方面应对他人的研究成果加以注释和说明。提倡适当引用、借鉴他人的研究成果，尊重他人的劳动，但不可以抄袭、剽窃他人的研究成果。

例文：中学地理案例教学值得注意的问题

论文导读：目前，案例教学在各学科教学中已被广泛运用，实践证明，它与传统教学有机结合可谓相得益彰、生动活泼、精彩纷呈。地理案例教学经常通过情境设置、案例分析的开放式综合思维训练，让学生的知识、能力、素养全面发展，落地生根。本文从案例教学独特的问题视角切入，提醒广大教师在教学实践中务必正视不足、走出误区，因材施教、扬长避短。

在新课程标准［此处指《全日制义务教育地理课程标准（实验稿）》］背景下，让学生学会学习、培养自主探究的能力和创新精神已成为地理教学的首要重任。案例教学法从真正意义上实现了以学生为主体，以培养学生自主学习能力、实践能力和创新能力为基本价值取向，将地理理论性和实践性有机地结合起来的三维教学目标。我国对案例教学的实践和研究起步较晚，随着新课程标准的执行和新教材的使用，案例教学在各学科教学中得以逐步推广。它作为一种新型教学形式，与传统的教学互补互进，使地理课堂变得异彩纷呈、生机勃勃。高中地理案例教学是通过对一些具体的地理教学情境的描述，引导学生对典型案例观察、调查、分析、讨论、实践、思考和归纳的一种开放式教学方法。其目的在于让学生学会知识的同时提升能力。

地理案例教学之所以生命力旺盛，其优势显而易见。案例教学一般选择以联系生活实践为基础的教学内容，有利于学生深入浅出地理解基础知识；案例教学设计是一种以学生自主学习和创新思维为中心的教学方法，有利于学生提取地理信息能力的培养；案例教学努力创设以整体参与、民主和谐和激励竞争的良好教学环境，构建以培养创新能力为核心的课堂教学目标，有利于学生创新思维品质的形成；案例教学让学生在学习中发展乐于合作的团队精神，有利于学生掌握合作方法与沟通技巧；案例教学联系丰富多彩的社会实际，让学生自主参与、积极探索，有利于学生思想品德教育的全面提高。

然而，任何一种教学方法都有局限性。案例教学作为一种新型的教学法，也毫不例外地存在一些缺陷，在教学实践中务必扬长避短。故此，我暂且发表一孔之见，权当引玉之砖。

1. 教学门槛设置太高

高中地理是一门文理交叉的综合性课程，对师生的要求较高。就教师而言，如果不是专职教师，进行高中地理案例教学就难以达到预期的教学效果。案例教学中，教师必须摆正自己的位置，一方面理论要讲透彻，另一方面要善于调控课堂。为此，教师应具备准确选择案例、组织案例教学、适时调整案例的高超技巧。学生只是始终扮演一个积极参与的角色，努力做到：课前认真准备，仔细阅读或倾听案例的背景材料及相关内容，善于发现问题，做好发言准备；课堂积极参与，善于分析问题、发表意见，主动进入角色，进行思维训练；课后全面总结得失，善于从案例教学活动中寻找解决问题的途径，争取不断超越自我。例如，有关"地理信息技术在区域地理环境研究中的应用"一节中的案例给师生设置了很高的门槛，因为"3S"（Remote Sensing，RS；Geografhy Information Systems，GIS；Global Positioning Systems，GPS）这一高新技术的理论与实践，师生都很陌生，为此必须做好充分的知识储备与技能训练。即使这样，在教学中我们仍然会遇到辨析类似问题的种种困难，游刃有余谈何容易？

2. 案例选编相对困难

高中地理案例教学以学生的积极参与为前提，以教师的有效组织为保证，以精选能说明问题的高中地理案例为材料；通过对具体案例不同角度的讨论分析、概括归纳出最佳结论。根据地理案例教学真实性、典型性、互动性、科学性的原则以及学生知识储备的基础，综合考虑选编出高质量的教学案例是对教师本身地理素质的严峻考验。针对不同的地理教学目标，设计文字材料案例、地理图像案例、图文混合型案例；从方法来看，可以设计讲解式案例、讨论式案例、活动式案例和调查式案例。例如，"河流的综合开发"一节以美国田纳西河流域为案例设计教学问题，其材料的选编就相当困难，主要体现在知识的广度与深度两个方面，其中，怎样理解梯级开发的关键性以及冬雨型亚热带季风气候特征的形成这两个问题确实发人深思。同时必须考虑好案例设计、案例展示、案例分析三个重要的教学实践环节，此外，案例内容还要考虑到有利于师生双边活动的展开，激趣引思，诱导学生主动探究"问题"，启迪思维、培养能力，而要做到诸多要素的有机结合，编写出优秀的地理案例往往较为困难。

3. 适应范围有所局限

案例教学不能替代系统的理论学习和讲授，适应范围有限。并非所有的教学内容都可以运用案例教学的方法，必须针对教材的具体情况及学生原有知识储备而定。从某种意义上讲，利用传统教学法简明扼要地讲授一般的地理理论，其手段更为快捷有效，传统教学虽然有所不足，但至少有两点是不容忽视的。其一，它的连贯性强。这对于某些教学内容来说是至关重要的，如自然地理部分。其二，在一些重要的基本概念的灌输中，传统教学仍是必不可少的。例如，"地球的圈层结构"一节主要是抽象概念的学习，不适合采用案例教学法，而采取传统的图像讲解法更为便利。对于案例教学，我们切不可夸大其词、盲目滥用，这样只能是邯郸学步。

4. 课堂驾驭潜伏风险

高中地理案例教学因受教材、教学对象、教学辅助条件等的影响，特别是受高中文理分科、应试教育的影响，课堂分析、讨论和实践调查存在许多困难；同时，案例教学对地理概念、地理原理方面的掌握效果并不理想。

此外，课堂教学气氛的营造也十分重要，案例教学的实施要与整体教学环境相配合。为使案例教学充分发挥其功能，取得良好效果，不但案例本身质量要高，还要求教师具备相当的知识、经验和技巧，同时需要花费相当多的精力和时间。在课时安排上兼顾理论讲授与案例教学，在教学设施上积极创造条件。切实注意课堂气氛的调节与组织纪律的维护，切不可浮躁混乱。据我了解，在实施案例教学时，个别教师曾出现组织讨论场面失控或问题设计不合理启而不发的尴尬局面，其效果可想而知。一句话，教师必须具备较强的调控能力，在讨论分析中帮助学生排除案例枝节部分的干扰，把握案例的重点和难点，强化知识传授与潜能开发。如果学校能够提供模拟仿真的环境，案例教学的效果会更佳。

5. 案例需要推陈出新

案例教学起源于19世纪后期的哈佛大学，在我国兴起于20世纪70年代，目前仍方兴未艾。作为一种新型的教学方法是否可以一劳永逸、循环利用呢？回答是否定的。教师应注意案例的不断更新，在信息爆炸的时代，案例来源于真实典型的现实生活，自始至终处于相对动态的变化过程，其中尤其是人文经济地理的内容素材变化可谓日新月异（如城市化与经济发展速度），我们的教学又怎能滞后于时代而墨守成规呢？要使案例教学跟上改革的步伐，反映当前地理实际的最新动态，教师的案例教学需要与时俱进。

案例更新是保持课堂活力的新鲜血液。如果地理案例长期不做变更，那么，学生就只能学习或处理相对陈旧的知识，也无法了解到最新的地理信息与前沿科技成果，更不能体现案例的时代性、典型性、全面性，不能激发学生学习的情趣，案例教学便难以正常有序地展开，难免黯然失色。

我们主张案例要在教学实践中不断完善，每堂课之后要认真地思考和总结各个教学环节，对案例中所涉及的问题进行必要的修改补充调整，为案例的再次使用提供科学依据。通过反复的教学、总结、反思、更新，不断提高案例课堂教学效率，更新教育观念，逐步推进地理教学深化改革与提高。

诚然，地理案例教学是按照精选的地理材料来组织教学活动，其宗旨在于让更多的学生最大限度地深入了解地理知识、地理思想、地理规律，进而提升能力开发潜能。

（本文发表于《中学地理教学参考》2009年第6期）

第二章

选备材料，深入加工——体现一个"巧"字

第一节　投身实践，广积材料

撰写教学论文，从着手准备到最后完成，通常要经过以下步骤：选立课题，收集资料，研究资料，编拟提纲，完成初稿，检查修改，定稿打印，投稿参赛。动笔写作前的准备十分重要，主要应该做好以下四项工作。

1. 选立课题

撰写教学论文，首先要抓好选题。好的选题是成功的一半，具有定向导航作用，如果选题出现问题就可能导致论文撰写事倍功半，甚至彻底失败，选题环节可谓举足轻重。选题时应注意：①富有新意；②切合实际；③以小见大；④把握关键。

2. 收集资料

资料来源主要有两个方面：一是自己在教学工作实践中得到的第一手资料；二是他人提供的或从书籍报刊、网络信息中得到的第二手资料。

3. 研究资料

研究资料就是一种精心剪裁加工活动，能较好地体现作者处理素材的能力。对收集到的各种资料进行"去粗取精，去伪存真，由此及彼，由表及里"的研究，从中加工出带有规律性的东西，然后提炼出论文的观点，用观点来统率资料，为撰写论文打好基础。

4. 编拟提纲

提纲是论文的骨架，对于疏通思路、总览全文具有重要作用。因而，动笔撰写之前要进行周密安排，拟定好提纲，防止顾此失彼。养成撰写写作提纲的习惯十分必要，是

一个写作者认真负责、态度严谨的良好表现，很有必要着力培养、积极实践。

收集整理资料对于撰写教学论文是十分重要的，也是写作准备的基础且关键的工作。"巧妇难为无米之炊。"缺乏资料，就无法进行研究和写作。俄国伟大的生理学家巴甫洛夫曾把资料比作"空气"，认为"无论鸟翼是多么完善，但如果不凭借空气，鸟儿永远不会飞翔高空的"。资料就像撰写教学论文的"空气"，没有资料，教学论文就成了无源之水、无本之木。古今中外，凡有成就者都十分重视培育平时积累资料的习惯。马克思写《资本论》花了40年心血，阅读了大量的书刊资料，仅摘录过的书籍就达1500多种；李时珍写《本草纲目》一书，耗费了近30年的时间，阅读了800多种书籍，求教了成千上万的人，储备的资料堆积如山；达尔文写《物种起源》，收集了大量的动植物标本、许多宝贵的文献资料；清末著名学者梁启超先生总结了前辈经验后指出："大抵凡一个学者平日用功，总是有无数小册子或单纸片；读书看见一段资料，觉其有用者即刻抄下。资料渐渐积得丰富，用眼光来整理分析，它便成一篇名著。"梁启超先生这段论述对指导我们的论文创作启示极大、意义非凡。

收集和积累资料的方法很多，现介绍六种常用方法供大家参考，大家可结合实际选择运用。

（1）读书笔记。中小学教师和学生读书应及时做好笔记。读书笔记的形式灵活多样，可以是内容提要式、句段摘抄式、心得体会式等。

（2）抄录卡片。抄录卡片是一种简便易行的方法，只要我们手勤心细，形成习惯就好。在读书看报时把卡片放在手头，遇到有价值的内容随手记在卡片上，这样就可以系统收集相关资料。

（3）剪贴报刊。这是一种既简便又实惠的方法。从自己订购的报刊或别人不用的废旧报刊上剪下有用的资料，贴在自己设计的笔记本或资料册内，分类编号，以便随时查阅。

（4）调查访问。到现场去看一看、听一听、问一问，获得直接经验，这是收集第一手资料的常见可靠方式；调查访问就是通过面对面的交谈来收集资料的方式。可以个别访问，也可以召开座谈会，还可以通过编制调查研究问卷来收集资料。

（5）选购书籍。利用节假日去书店浏览相关参考书目、专业书籍，遇到自己需要的好书，买下来，兼收并蓄、待用无遗，只要是精品资料，相信日后必能派上用场。

（6）网络下载。现代人必须与时俱进，紧跟现代化生活的步伐，信息时代离不开电脑。互联网、大数据上的资料应有尽有，只要输入关键词，通过"中国知网"等数据库即可查询有关网络资料，通过浏览选择自己需要的文献下载，建立备用文档存于云盘，以备论文写作时参考。

第二节　选取加工，别出心裁

精心选材加工在教学论文写作中至关重要，资料收集来以后，还应该对其做进一步的鉴别、整理和利用。素材变成题材的加工主要有以下三步。

1. 鉴别初选

鉴别的方法有"外审"和"内审"两种。"外审"是对文献资料本身真伪的鉴别；"内审"是对文献资料中所记载内容科学性的论证，通过甄别提高资料的可靠性。积累的资料多多益善，选择却要精取约收，以一当十。选材要严，开掘要深，用材要精。要选择能表现主题观点的资料，选择真实准确、生动有趣、富有新意的资料，选择有代表性、典型性、时代性的资料，为论文写作奠定良好的基础。

2. 分类处理

一般把资料分成定量资料和定性资料两大类型。对定量资料进行整理描述，如采取列表图示方法，使量化资料一目了然。定性资料主要有事例、实录、场景、档案等，在整理时要注意与定量资料结合，"点"和"面"相结合，"典型"与"一般"相结合。这样，教学论文才能写得有理有据、有血有肉、富有感染力。在分类整理的过程中还可以采取进一步分级处理的方法比较分析，把经过整理的资料分成三级。第一级为核心资料，第二级为外延资料，第三级为辅助资料。然后根据这些资料的作用，在写作论证过程中分门别类、科学选择、恰当运用。

3. 去粗取精

去粗取精主要是通过分析推断事物之间的因果联系，从中提炼出正确的观点。推断因果联系的逻辑方法主要有以下四种。

（1）求同法。当发现某一事实出现在各种不同的情况中，而在这些情况中，只有一个条件是相吻合的，那么就可以推断这就是各个不同情况中出现的那个共有事实的原因。这种寻求共有事实产生共同原因的方法叫求同法。必须注意运用求同法求证的因果联系并非放之四海而皆准，所以千万不能把原因绝对化。用求同法得出判断后，应当再通过其他方法给予检验。例如，愚公移山精神这一结论就应该辩证分析，试想新历史特定条件下愚公搬家是否更好呢?

（2）求异法。如果在某一种情况中出现某个事实，在另一种情况中不出现某个事实，而这两种情况中其他条件都相同，只有一个条件不同，那么，这唯一不同的条件，就可能是某个事实产生的原因。这种分析比较寻求唯一不同原因的方法叫求异法。例如，我们可以就中学地理传统教学与探究性教学进行特定条件下的类比，通过求异法做出推断，探究性学习更利于提升学生综合素养。

（3）联系法。在其他条件不变的情况下，如果一个要素影响另一个要素的出现与变化，那么前者就是后者的原因或者原因之一。这种寻求其原因的方法叫联系法。例如，学习兴趣与学习效果在一定条件下就存在这种联系，此所谓牵一发而动全身、一变俱变，事物各要素之间相互联系、相互影响，强调用联系发展的观点看问题，这也是地理环境整体性原理的基本体现，辩证思维基本贯穿综合分析的始终。

（4）排除法。排除法也是我们逻辑推理与问题论证的逆向思维方法，与直选法配合使用往往能打破思维定式与突破思维瓶颈，释放"柳暗花明又一村"的神奇魅力，产生相对精准的结果，大大提高保险系数。如果某一组复杂现象是由某一组复杂原因引起的，那么把其中确认有因果联系的部分找出来后，剩余的部分也必然有因果联系。上述四种推断分析方法不是孤立的，在实际的运用过程中，它们相互补充、相互作用。我们在推断时必须全面、辩证地思考，尽量避免形而上学的思维方式。

例文：新课标背景下地理教学的误区

论文导读：新课标［文中指《全日制义务教育地理课程标准（实验稿）》］是现代教育背景下产生的新一轮课程、教材、教法深化改革的指南，其目的在于从实际出发，优化教学资源配置与整合，以充分体现学生主体发展素质教育为核心，以培养适应并创造未来创新人才为宗旨。围绕这一中心，各种创新教学方法层出不穷，自主学习、合作学习、探究学习不由自主地被推上课堂教学舞台，见仁见智、众说纷纭。

新课标是在传统教育桎梏的背景下产生的新生事物，其目的在于从实际出发，深化教育改革，优化教育资源配置与整合，面向未来，培养全面发展的创新人才。中学地理教学的主要任务在于：培养中学生现代公民必备的地理素养，满足中学生不同的地理学习需要。随着它的颁布与实施，课堂教学出现了不少新气象，许多教师逐步改变了传统的教学模式，开放式地理教学氛围正在形成。但是，我们也应该清醒地看到：由于传统观念的根深蒂固，实施过程步履艰难、考验严峻。部分教师在对新的课程标准的认识上还存在许多误区，导致产生一些矫枉过正的教育行为，这不得不引起广大教育工作者的重视。

1. 自主学习视为自由学习

新课标中明确指出，学生是学习的主体，教师是学生学习的合作者。在实际的课堂教学过程中，有些教师为突出"学生学习的主体地位"，打着把自主权交给学生的旗帜进行"放羊式"教学，教学环节全部让学生自由驾驭，教师则"高高挂起"，做起旁观者。表面看来，这就是学生的自主学习，其实是地地道道的自由学习。这种缺少适当的教师点拨和指导的做法，根本不能激活学生的创造思维，只能影响教学效果的正常发挥。可见，在实施自主学习的过程中，一方面要突出学生的主体作用，另一方面切不可忽视教师的主导作用。我们必须在有效的教学时间内不失时机地启迪学生的思维，在提高效率上做文章。

合作学习既是现代教育的精华，也是新课改中体现新型学习状态以及培养综合素质的有效途径之一。合作学习以师生、生生之间共同交流、探讨和研究为基础，旨在激发学生的创造活力，培养合作精神，强化自我反思。合作学习的过程既是学习品质培养的过程，也是合作精神形成的过程。可是，有些教师简单地把它理解为合伙学习，认为就是同桌或者前后左右同学之间互相问答和讨论。小组学习表面上轰轰烈烈、气氛活跃，但实际上在真正讨论问题时，除学习基础比较好的同学还能畅所欲言之外，其他同学大多是看客，仅仅停留于合作学习的形式罢了。也许有人会问：合作学习与合伙学习有何区别？合作学习注重参与者的分工与协作或者说个体与群体作用的共同发挥，强调统筹兼顾与综合效应；而合伙学习则突出对等参与责权相对稳定，淡化有机联系与个性发挥，对师生智能层面的要求相对较低。因此在合作学习过程中，教师一定要明确思路、分工细致、责任到人，以一个合作学习的指导者、评价者的身份全程参与，科学监控，使合作学习在一种流畅和严谨的氛围中进行，成为学生求知的快捷通道。

2. 误导探究学习的基本模式

探究学习与研究性学习是现代教学理念中备受关注的新型学习方法。要求师生善于开展一系列的探究活动，发现问题、分析问题、解决问题，进而启迪学生创新思维，提升驾驭学习活动的能力，使学生得到磨炼，授之以"渔"。探究学习主要在于正确引导学生循序渐进地探索研究、归纳总结地理事物规律成因，感悟探究过程与方法，达到开发智能、学会学习的目的。这并不等于简单的"精讲多练"，更不是一般的"自学指导法"。有些教师为了营造学生主动探究学习的氛围，把课堂有限时间尽量交给学生，将教师授课的时间确定在15分钟左右，轻描淡写，该讲的不讲，结果不少学生一知半解。还有些教师走向另外一个极端。表现为以一味地多练来达到提高双基的目的，殊不知未能深入了解教材基础上的训练，其效果只能是事倍功半或徒劳无功，谈何学生的能力发展和提高！当然，一味地以"自学指导法"淡化教师深入有效的督导作用的做法也是不可取的。

3. 追求华而不实的课堂效果

新课标作为一种全新的教学理念，必须有新的教学内容和方法与之匹配。信息化教学堪称现代化教学手段之一，但并非新课标不可或缺的因素，为此我们不要热衷于像时装表演一样过分渲染舞台效果的教学形式，而应该因材施教，充分体现新课改严谨务实、科学创新、行之有效的优势。比如，多媒体的使用能给课堂教学注入新的生机和活力，但不可夸大其词，甚至将其视为现代教学和常规教学的分水岭。对自己所教的内容不管是否适合，统统做成课件播放，学生全力以赴地观看视频速记笔记，其结果是干扰了学生有效信息的接收。我近来重温了一些教育大师的精彩课例录像，再一次为他们高超的教学艺术所折服。他们用一本书和一支粉笔，深厚的底蕴、幽默的语言、高雅的风度，在谈笑挥手之间就把学生带入了美妙绝伦的境界。这难道没有课堂活力吗？难道不如华而不实的"现代化教学"吗？

教学方法是教师在教学过程中为完成教学任务所采取的手段。常用的教学方法有讲述法、谈话法、演示法、图解法以及读书指导法等。新课改是对传统教学方法的扬弃，我们必须保留常规教学中科学合理、卓有成效的方法，并使之发扬光大，否则，再新奇的教学方法也必须三思而后行。例如，为了活跃气氛刻意追求课堂游戏的舞台效果的做法自然与新课改的精神格格不入。

4. 实施缺乏科学的评价方案

新课程改革的主要特点之一，就是改革对学生的评价方式，力争客观公正公平，通过激励教育，培养学生的主人翁精神。可是，有的教师为保护学生的自尊心、调动他们的积极性，对学生的回答不管对不对，都一律大加赞扬，这明显违反了教学评价的严谨科学原则。教学是一项科学的活动，我们不能对知识的错误和残缺加以肯定，失真的褒奖不仅不能促进学生的学习，反而对学生健康心理和人格的形成不利，也会给教师自身带来一定的负面影响。此外，新课标倡导科学的过程性评价与终结性评价的有机结合，但部分教师不能很好地处理二者的关系，主要表现为：在方法上将过程性评价与终结性评价对立起来，认为非此即彼；把对学习效果的评价排除在过程性评价之外；将过程性评价与某种特定的评价方法甚至评价工具等同起来；过分夸大过程性评价的功能，对终结性评价不屑一顾。凡此种种，均有悖新课标基本精神，极不利于学生多元智能水平的提高，对此，我们必须予以彻底抛弃。

新课标背景下，中学地理教学的误区到底是怎样表现的呢？我们不妨从一些教学案例的简要分析中寻找答案。上学期，我有机会以南海区教师督导员的身份到部分学校进行地理教学检查，学习了不少教师对第一大板块"行星地球"的教学。在讲授"第一节　宇宙中的地球"时，有的教师采取的是"自主学习法"，让学生自主把握地球在宇宙中的位置、基本特征与它的特殊性；也有运用多媒体教学手段，通过网络收集资料展示课件的，课堂气氛自然不错。虽然视觉效果不错，但课后随意抽查的结果证明二者均未达到新课标的要求。在讲授"第二节　太阳对地球的影响"时，不少教师使用"合作学习法"，通过分组辩论理解太阳辐射与太阳活动对地球的双重影响，但并未达到新课标中指出的批判性与逻辑性的思维训练的效果。"第三节　地球的运动"是本板块的重点和难点，有的教师辅导学生进行课堂实验设计，简单演示地球的自转与公转；当然更多采用的是"探究学习法"，但由于演绎环节缺乏科学性，学习效率并不理想。可见，新课标的操作并不容易，也许摸索的过程其实就是甄别科学与谬论的过程。

诚然，中学地理新课改下课堂教学的误区又何止这些，我只是以一名普通教师的身份发表一孔之见。希望能引起教育同人的广泛关注，并采取切实可行的对策扬长避短，在彻底更新观念的基础上准确把握新课标的操作要领，努力开创教改新局面。

（本文发表于《地理教学》2006年第2期）

第三章

提炼主题，布局谋篇——体现一个"高"字

第一节　提炼论文主题，确定选题论点

一、提炼主题

撰写教学论文首先要研究提炼选定主题。主题是指针对教育教学工作中具有现实意义的特定问题精心选择而确定。选定研究主题是撰写教学论文的开端，也是最关键之所在。主题选得好，写作起来就容易找到切入点，研究工作进展就会更加顺利。选题失当，写作起来可能遇到挫折，甚至半途而废。那么，怎样较好地选定教学论文的研究主题呢？结合许多优秀教师尤其是名师的成长经验来看，我简要介绍下面一些有利于选定主题的途径和方法。

1. 关注当前教育教学工作中的新热点，积极寻觅主题

由于教育教学工作发展的阶段性、动态性、差异性，往往在一段时期内会出现人们共同关心的热点问题。例如，当前教育界普遍关注的"创新教育""愉快教育""情境教育""成功教育""逆境教育""养成教育"以及新课程改革问题、学科及社会实践力问题、学生综合素质培养问题、思政工作的策略问题等，正是大家议论的热门话题，我们应善于观察，及时捕捉。实践证明，从热点问题中寻找出来的主题，社会价值往往比较高，研究工作相对容易出成果，写出的教学论文可读性或许会更强，甚至会产生一定的轰动效应。

2. 重视现实教育教学工作中的疑难问题，及时发现主题

教育教学工作是一种高智力、高难度的科学性与艺术性兼备的育人活动，存在许多

值得认真思考研究的疑难问题，也是撰写教学论文的目的所在。只要处处留心、勤于思考，就不难发现颇有新意的研究主题。例如，"如何恰当取舍教学内容""如何突破教学难点""如何选用教学中的金点子""如何践行寓教于乐的高效教学""怎样帮助学困生扬长避短""解决偏科问题的基本对策""怎样在常规教学中巧妙渗透德育""怎样培养学生的创新精神和实践能力"等。从这些疑难问题中，我们可以找到自己所要研究的主题，进而撰写出接地气、有分量的好论文。

3. 深刻感悟实践中的成功经验或失败教训，认真归纳主题

教师是指挥学生向愚昧和野蛮进军的将帅，是引领学生在知识海洋里遨游的舵手。教师光明正大为人，脚踏实地教学，生活中有乐亦有苦，事业上有顺亦有逆。随着时间的流逝，每个人都会积累一些经验和教训。如有的教师善于管理班集体，在学生中很有威信，他的话学生言听计从、一呼百应，班级工作井然有序，是班主任工作高手；有的教师上课，让学生非常敬佩，认为听他的课有一种如沐春风的享受，是名副其实的教学骨干。相反，也有的教师好心却得不到好报，苦口婆心做思想工作学生却不买账，精心设计的教学让学生十分厌烦，如此种种，发人深省，皆可借鉴。我们从中也可以归纳出不少针对性较强的主题，创作出具有现实指导意义的优质文章。

4. 从受到启发的资料信息中筛选加工，提炼形成主题

学校一般具备图书馆、阅览室、电子信息网络，教师也拥有自己订阅的教育报刊与书籍。大家可以通过各种媒体广泛阅读，学习教育新理论、新经验、新方法，从中得到新的收获启迪，通过加工形成我们所需要的有价值的研究主题。例如，有的教师从报刊上了解到魏书生老师的先进事迹，深受启发，结合自己的班主任工作实践便形成了"如何科学民主管理班级"的研究主题；有的教师从心理学学习中受到启发，确定"怎样加强学生心理健康教育"的研究主题；有的教师观摩了"研究性学习教学法"的公开课教学，受到鼓励，于是提炼出"关于研究性学习的新思考"的实验研究主题。教学论文研究课题的确立，应该遵循有料、有底、有用、有利、创新的原则，处理好大小、难易课题的关系。对于中小学教师来说，选题宜小不宜大，宜易不宜难，宜精不宜泛，小切口深挖掘，以小见大、见微知著，达到四两拨千斤的效果，由模仿到熟悉、由熟悉到创新，逐步提高研究与写作水平。

以我之见，主题凝练关键体现在中心论点与论文题目两个方面：中心论点是作者在教学论文中对问题所持的见解和主张。论点从哪儿来？宛如蜜蜂从百花园中采蜜，需要从各种资料信息中认真筛选、用心提炼出来。怎样从资料信息中提炼论点呢？下面介绍几种常用方法。

（1）运用关系分析法从事实性资料中推断论点。如果我们整理了一些事实性的资料，可以首先从这些资料中理顺各种关系，然后抓住主要矛盾，提炼出欲阐述的论点。例如，《我是学生师，学生是我友》这篇德育论文所阐述的中心论点：坚决反对师道尊严，大力倡导亦师亦友、平等和谐的师生关系。

（2）运用逻辑判断法从理论性资料中提炼论点。这种方法的运用具体可分三步：一是在整篇资料中找出主要判断；二是领会该判断的实质，思考其适用范围；三是在该范围内联系自己的生活实际，使之具体化，从而形成逻辑严密、切实有力的论述观点。例如，有这样一段理论资料：辩证法告诉我们，任何事物都有它的内在规律，只要数量的运动在性质规定的范围内，这些运动就会表现为量变；如果超过了一定的数量限度，量变就可能引发质变。于是，我们可以运用这种逻辑判断法进行相关分析：该资料呈现的主题是"由量变到质变是事物发展的普遍规律"；联系生活实际，可以推断出一系列相关论点，如"近朱者赤，近朱者未必赤；近墨者黑，近墨未必者黑"等；结合班级管理经验撰写德育论文"严爱并举、辩证施教是治班的法宝"。

（3）运用对照比较法从组合资料中精选论点。组合性资料中包含着多种因素，需要通过对照比较，找出组合性资料中所包含的事物的区别与联系，从而锤炼出需要论述的论点。例如，分析本班男女同学性格特征：一般来说，男同学具有勇敢坚强、爆发力大、逻辑性强、处事粗心的性格特点；女同学的性格则表现为温柔细腻、形象思维、耐久力强、处事冷静。通过比较分析，我们可以提炼出这样的论点：男女同学性格特征各有优劣，互补性强，正常交往是促进他们人格全面发展的需要，但对中学生而言，必须正确诱导、把握分寸、认真对待。

（4）运用破中有立法从反面资料中逆推论点。这种方法的运用具体有两种方式：一是对反面性资料进行分析，抓住其要害，揭示其实质，从而提炼出论点。二是针锋相对，直接提出与错误观点相对立的正确论点。例如，有这样一段资料：教学有法，但无定法，教学园地百花齐放、生机盎然，然而形形色色、名目繁多的教学方法又使人有些眼花缭乱。什么"五环""四段"教学法，什么"练评讲""探究式"教学法，什么"最优"中学教学法……一些教师机械照搬、套用他人的教法，上课都有"新套路"，开口不离"新名词"，实际上教学效果并不理想，教学质量令人担忧，甚至邯郸学步，每况愈下。对以上情况进行分析，抓住其要害，揭示其实质，提炼其论点。为什么会出现这种情况呢？原因主要在于部分教师舍本逐末，忘记自我反思、学情分析、扬长避短，忽视了因材施教的基本原则。

以上介绍了四种从信息资料中提炼论点的方法，在撰写教学论文时可选择适当的方式加以灵活运用。只要肯动脑思考，要论述的论点和问题就会顺理成章。

二、拟定标题

标题是文章的眼睛与灵魂，一个好的标题，能对文章起到画龙点睛的作用。能否拟定一个新颖、别致、深刻、生动的标题，是教学论文撰写成功与否的关键。有的文章内容不错，但标题冗长累赘，毫无新意，读者一看标题，继续细读的愿望便荡然无存。可见标题设计多么重要。大凡擅长写作的人总是反复推敲，为自己的文章拟定一个引人注目的标题。

1. 拟定标题的基本要求

论文标题必须反映论文所阐述的主要问题，尽可能用最简明扼要的词语组合，并能引人入胜，教学论文题目的拟定，应做到"精确、醒目、简明"的六字要求。精确，就是能准确表达教学论文的中心思想，紧扣文章内容，不离题、不跑题，题目力求恰如其分。过大，让人读后会觉得空洞无物；过小，则涵盖不了所写内容。醒目，就是指标题新颖别致，不含糊其词，有一定的创造性，一看标题就能大体知道文章的主要内涵，并产生阅读全文的欲望。简明，就是指标题文字精练，言简意赅，语法规范，符合逻辑，突出中心。标题一般不得超出20个字，且其中不能用标点符号。

2. 拟定标题的主要方法

为教学论文拟定标题，从形式上看，有单标题和双标题；从语法上看，有陈述式和祈使式；从观察问题角度来看，有揭示论点式、阐明课题式等。

（1）标题选取中心论点。例如，"天才出自勤奋""习惯比什么都重要""不断反思是教学进步的阶梯"。

（2）标题反映研究课题。例如，"如何做好高考考前的心理调适""'研究性学习'之对策""名师成长规律之初探"等。

（3）标题反映课题来源。例如，"一堂大型公开课的启示""从学生贪玩手机现象说开去""高考试题变化引发的教学思考"等。

（4）标题反映研究方法。例如，"学生心理教育之我见""跟岗培训归来话教改""地理实践力培养的基本策略"等。

（5）标题选择设问方式。例如，"高考地理尖子生是怎样培养出来的""他为什么会如此叛逆""地球上的淡水资源应该如何保护"等。

（6）标题以双标题呈现。通常正标题点明论点主旨，副标题是正标题内容的具体化，起补充说明作用。例如，"提高教学效率才是硬道理——小议翻转课堂""稳中求变与时俱进——浅谈我的教学风格""切实保护学生自尊心——'一次个别谈话'带来的思考"等。

上面介绍了拟定标题的六种常用方法，但无论哪种方法都不是万能的，在实际运用时还需多动脑筋、注意技巧，尽量使题目工整对称、文辞新颖，既有时代性特色，又有学科内涵，形神兼备，画龙点睛。

3. 常见标题的常见用语

常见标题的常见用语包括"指南""质疑""偶得""漫谈""杂感""商榷""略论""拾遗""我见""试论""例谈""误区""途径""对策""审视""思考""探究""浅谈"等。运用这些常见用语，论文的标题就可能简明扼要、富有文采、引人入胜。

第二节　推敲论文结构，编制写作提纲

一、统筹规划

教学论文属于论说文的范围，通常情况下，必须体现论说文的一般结构特点，即具有论点、论据和论证三大要素。

1. 论点，教学论文提出的问题和所要阐明的观点

通常一篇教学论文只有一个论点，即中心论点。有的文章除了中心论点之外，还有若干分论点，这些分论点都从属于中心论点，围绕中心论点加以阐述。一篇教学论文的学术价值和社会影响力，首先取决于它的中心论点是否正确、是否鲜明、是否深刻、是否创新。

2. 论据，用来证明论点的事实和道理

一般来说，论据有两大类：一是理论论据，即用人们普遍认知的公理或名人名言来做依据；二是事实论据，即用具体可靠的事实典例和数据来做根据。论据若不可靠或具有片面性，教学论文就会缺乏说服力。

3. 论证，运用论据来证明论点的过程与方法

论证的目的在于说服读者，使教学论文的论点为他人所了解、信服和接受。论证过程要求严密科学，推理符合逻辑，能反映论点和论据之间的内在联系，从而体现结论的必然性，达到以理服人、水到渠成的效果。

二、完善结构

一篇具体的教学论文，在文章结构上通常包括引论、本论、结论三部分。

引论——提出本文所要论述的问题（提出问题）。

本论——选择和运用论据，围绕论点展开论述（分析问题）。

结论——总结全文，归纳概括论点，加深读者印象，引起读者深思（解决问题）。

教学论文文稿书写格式，理应按下面的规范要求来设计。

1. 标题

标题在文章的最前端，通常占一行，也可以上下各空一行。标题在一行里有两种写法：一是居中，二是左边空四格。字数少的字与字之间可以空格；字数过多的可以转行，转行时要考虑到一行中词或词组的完整性，并要求在长短上匀称搭配，具有对称美。副标题是正标题的必要补充，一般在前面加一个破折号；小标题也要写于一行的中间，与正标题一样，但字体应适当缩小些，上下可以空行，注意不能超过正标题所空的行数。

2. 作者署名

作者署名，不论是个人还是单位，都必须写在标题下面占一行，有时还要附上邮政编码。署名在一行中要与标题对应，且强调位置居中。

3. 内容摘要

一般用200字左右的文字简明扼要、直截了当地反映出文章的主要内容与论证方法，包括说明论文研究的背景、内容、目的、意义，其作用是让读者基本了解文章的梗概。

4. 关键词

一般选择围绕文章主题写出2~5个关键词，力求简洁，具有典型性、导向性。

5. 正文

正文包括引言、实质、结语三部分。正文每个字、每个标点各占一格，每段开头要空两格。正文主要在于对研究的中心论点进行全面的讨论和阐述，是论文的主体，占据论文的绝大部分篇幅。文章若分几大部分而不加小标题和序码时，为了醒目，各部分之间可空一行；用了小标题和序码，全文结尾无法加小标题或序码时，也可空一行。

6. 参考文献

参考文献是标准化论文的常备要素，也是规范论文的要求之一，其内容主要包括所引用文献作者姓名、文献标题、书刊名称、出版社名称、年份期号、文章页码等。撰写论文在引用他人文章、论点时应注明来源。引文来源反映了作者严肃认真的科学态度，能体现论文的科学依据，是尊重他人劳动成果的具体表现，同时也为读者后续研究提供了查阅文献资料的便利途径。

7. 其他款式

（1）序码

写文章必须思路明确、脉络清晰、有条不紊，为较好体现论文的层次，在分条分项表述时，要适当采用序码标示。常用的有五种序码：第一种是一、二、三……第二种是（一）（二）（三）……第三种是1、2、3……第四种是（1）（2）（3）……第五种是①②③……

（2）引文

引文有段中引文和提行引文两种形式。段中引文一般就写在行文之中。引用的是原文、原话，要加冒号、引号，若引用原意只加冒号即可；提行引文一般是重要的、强调的或较长的引文，另起一行比正文缩两格，即开头缩四格，其他行各缩两格。另外，还可以采取更换字体而不缩格的办法，以示区别。

（3）附注

对正文中的一些词语或引文来源要做说明时，用"附注"。在要注明的词语或引文右上角加"注码"，如（1）（2）等。如果注释很少，可以用〖注〗或"*"标出，附注通常有三种：夹注、脚注和尾注。夹注：简短的说明、注释，就写在要注释的词语、引文后面的括号内，不宜过多过长。脚注：页中附注，一般把附注置于本页地脚处。尾注：把附注集中在全文、全书的末尾，或者把一章一节的附注集中在章节尾部统一处理。

（4）页码

凡超过一页的文稿，每页都必须标上页码。页码用阿拉伯数字写在页面的右下角，也可以根据需要安排在其他地方。

（5）数字

数字表达务必规范，要求数字表达体例统一；公元世纪、年、月、日用阿拉伯数字。星期几一律用汉字，年代也用汉字；年份不能缩写，如2018年不能写成18年。公文中的年、月、日一般用汉字书写；计数和计量一律用阿拉伯数字。用阿拉伯数字写的多位数不可移行。公文中的分数一般用汉字，其他表达方式均不规范，不宜采用。

文面要求也不可忽略。文面是文章的仪表，是文章留给读者的第一印象。因而，写文章务必讲究文面。文面设计的方法主要有以下三种：变换字形，即把文章中字的形体、大小、笔画粗细等加以变化。空行分隔，即在文章中留下一行空白，利用空白把上下文分隔开来。缩格突出，即在文稿纸上把某些语句抄写在上下文缩进两格的位置上，缩格突出通常用于引文、引例中，并和变换字形结合起来，其文面的修饰效果自然更佳。

三、编制提纲

为了把握写作的全局和方向，防止偏离主题，必须编制写作提纲。编制写作提纲有三种常用方法，我们应该熟练地掌握和运用。

1. 论点分解法

论点分解法即把教学论文的总论点拓展成几个分论点，一个分论点可成为提纲的一部分。例如，我曾撰写的《我是学生师，学生是我友》一文的提纲就是论点分解式。

总论点：正确的师生关系应该是亦师亦友、平等和谐的关系。分论点：第一层，我是学生师，为什么说我是学生师？怎样发挥教师传道、授业、解惑的作用？第二层，学生是我友，为什么说学生是我友？教师怎样与学生成为知心朋友？第三层，努力营造亦师亦友的师生关系，师生怎样和谐相处、取长补短、共同成长？

2. 内容提要法

内容提要法通常是按照撰写的文章内容要点列出提纲，每一个要点即可作为提纲的一部分。例如，我撰写的《新课程背景下有效教学的策略》一文的提纲就是内容提要法。

导论："有效教学"已成为当今教育可持续性热点话题，怎样开展有效教学？具体来讲，从理论与实践层面分析主要把握以下几个"抓手"：有效的课前准备，有效的教师状况，有效的学生态度，有效的教学手段，有效的教学测评。

3. 小标题演绎法

小标题演绎法就是把要写的文章演绎成几个相互联系的部分，给各部分加上小标题，每个小标题就成为提纲的一部分。例如，《浅谈地理学案的误区》一文，其提纲就是小标题演绎式。误区之一：基本类似教案；误区之二：完全等同"教辅"；误区之三：模式一成不变；误区之四：操作绝对自由。

例文：实施课程改革从教案突破

论文导读：课程改革涉及面广、内容众多、实施难度大，作为普通教师，我们应该立足教学常规与基础工作，坚持不懈、循序渐进地进行课改，面对纷繁复杂的课改，找准突破口是关键。我认为教案就是其中很好的抓手，教案是备课的载体，是教学走向成功的第一步，然而部分教师不以为然，精力投入不够。数量与质量严重不够，直接影响教学目标达成。本文从中学地理教案的现状切入，分析并解决问题，强调教案的形式与内容，务实创新。

教案是教师在授课前准备的教学方案。内容包括教学目的、时间、方案、步骤、检查以及教材的组织等。它是教学工作中不可或缺的重要环节，是开展教学活动的基础，对教学作用极大，历来被人们所重视。没有一个切实可行的教学方案就像打仗没有作战计划、表演没有剧本一样，最终必将影响教学效果。中学地理教师备课、上课与批阅作业是教学工作的基本环节，往往环环相扣，而教案则是第一步。

如今在全面推进地理素质教育和实施课程改革的大潮中，教案是否也要来一次革命，使之与时俱进、与课改同行？这是当前教师们讨论的焦点。中学地理教师教学任务相对繁重，教案操作较为复杂，对传统教案改革尤为必要。

中学地理教案现状如何？我们可以以下几个方面来归纳。

其一，认真备课、精心设计教案者有之。在教师队伍中，大多数教师爱岗敬业，为提高教学质量孜孜不倦地工作。为上好每一堂课认真备课，精心设计教案，扬长避短、大胆创新，给课堂教学打下了坚实的基础。他们严格遵守教学规律，踏踏实实完成教学任务，堪称中学地理教学的中坚力量。

其二，千篇一律，陈旧老套者有之。在中学地理教学的行列中也有少部分教师由于对撰写教案重视不够或工作繁重或手头资料奇缺及其他原因，备课千篇一律，就像八股文，从头到尾一个调，缺少创新。这样的教案对教学的指导性自然明显削弱。

其三，抄袭教案，应付检查者有之。这种人虽为极少数，但他们的所作所为造成的负面影响极大。主要表现为教学态度不端正，视教案为包袱，为应付常规检查大搞形式主义，抄袭他人教案，实属中学地理教学中的不正之风，必须予以彻底制止。

随着中学地理教学的深化改革，地理教案的革新也历史地摆在我们面前。现代中学地理教学需要什么样的教案呢？我们可以从以下几方面来探索。

1. 形式上不拘一格

地理学科、不同教师、不同学生、不同教学条件应有不同教案，任何"一刀切"的做法都是形式主义的表现。因为这种做法会使可操作性大打折扣，同时将直接影响教学效果的发挥。

是不是优质的地理教案，不能只看形式是否规范、环节是否齐全、书写是否端正、字数是否足够，而应看是否符合教学实际需要，是否有助于课堂教学与目标的实施，是否具有个性特征和创新表现。无数优秀教师的经历表明，精心编写和不断修正的教案正是他们成长与进步的例证，正所谓常写常新、常教常新。而同样可以断言的是，那种"抄了一辈子教案"的教师，那种"岁岁年年人不同、年年岁岁课相似"的教师肯定不会是一个优秀教师。

因此，我们主张中学地理教案的改革创新，力求每个教师不拘一格，写出个性，写出创意，写出风采。比如，我们可以将教案写在备课本上、教材上、卡片上，甚至练习题或试卷上。既可先写好，也可后完善，总之，课堂上教者能胸有成竹即可。至于教案的环节无须千篇一律，大可删繁就简，跳出八股文框架，但教学目标、教学程序、教学后记宜为重点，理应多下功夫。对于较多的学校，备课组可以群策群力，发挥群体智慧，实施集体备课。总之，教学改革应从教案起步、应从教案突破。

2. 内容需要常写常新

地理教案是备课的文本载体或式样，编写教案的过程是钻研教材、构思教学的过程，是一种创造性的劳动，是教学工作的重要组成部分。就教案编写内容而言：它包括备教材、备学生、备教法三个基本要素，尤其要以学生的发展为本。为此，教案内容也可以从以下几个方面考虑：一是考虑学生认知方面的内容；二是考虑本课所属的知识系统以及所蕴含的思维方法；三是考虑学生情感体验；四是考虑学习情况的反馈与控制；五是要写好教后反思，以不断提高备课质量。

地理教案既然记录着每一位教师的成长与进步，那么在保障教学内容基本稳定的前提下，教案也必须随着教学要素的变化适时调整、不断创新、与时俱进。我们极力反对那种虚假的、应付的、陈腐的、程式化的教案，同时呼唤充满活力与创新意识，具有鲜明个性与时代气息的教案。

3. 要求因人而异

地理教案要求理应因人制宜、因师而异。从形式要求上说，新教师应提倡写详案，因为他们驾驭教材、教法的经验不足，能力也有待提高，教学时需要较详细的教案做参照，以确保课堂教学顺利进行。实践经验比较丰富的中青年教师则可以写简案，做到提纲挈领、画龙点睛、富于个性与创造性。对于老教师，教案要求可以更灵活些，教学过程的设计可以更简略，但对于引证资料和新的知识信息则要详细记录备案，以显示出老教师治教治学的活泼与严谨、科学与创新。

4. 教案评价以质量为本

质量是教学的生命，评价地理教案同样必须以是否导向高质量的教学为依据。传统教案评价往往以内容的面面俱到、字数的多少及字迹工整与否来判断好坏优劣。这导致一些课后抄袭或别人替抄的备课也有可能被评为优秀教案，贻笑大方之处屡见不鲜。如今的教案应以有没有独到见解、有没有体现课本的知识性与交往性、有没有发挥学生的主体作用与教师主导作用、是不是有利于营造良好的学习氛围、是不是有利于学生创新思维的发展与教学任务的全面实施为标准。如果做到了这几个方面,就是有益于学生的发展和教师水平的提高,这样的教案就应该被评为优秀教案。

　　总而言之,中学地理教师编写教案是一项常规工作,是教学工作的重要组成部分,并非多此一举。但需要从内容到形式来一次革命,与当前正在深入推进的地理素质教育和课程改革相适应,百花齐放、推陈出新,把教师从繁重的、死板的教案写作中摆脱出来,真正写出有个性、有风格、有活力的好教案,努力开创中学地理教学教改的新局面。

(本文发表于《地理教学》2003年第11期)

第四章

精心撰写，修改润色——体现一个"精"字

第一节　围绕论点，精辟论证

一、怎样表达教学论文的论点

中心论点也是总论点，是作者将要在文章中阐述的核心观点。中心论点在文章中就像血脉一样贯通全篇。但是，要想把中心论点阐述得具体、明确、透彻并不容易，一般需要将其分解成若干个分论点。中心论点的分解一定要条理清晰、辩证统一、前后呼应，不能中途转换、随意扩大或缩小。派生出来的分论点既要有紧密的内在联系，又要符合外在的序列组合。总之，每个分论点都是中心论点的组成部分，几个分论点的综合就是中心论点的有力呈现。

明确了有几个分论点以后，就必须把它们有序组合起来，根据中心论点需要和分论点内在关系做全面系统分析。可以从几个方面一一论述，但务必遵循由主到次、由大到小、由轻到重的原则，同时按照并列关系和递进关系建构理想的论述框架。怎样表述文章的中心论点呢？下面介绍几种常见表达论点的基本方法，供大家参考。

1. 标题凸显式

标题凸显式是在教学论文的标题中突出论点并将它展示出来，这是一种既简单实用又可靠的方法。有许多文章的标题一目了然地昭示了论点。比如，《愚公移山》《巧引导言，引人入胜》《走出非选择题大峡谷》等文章，大有异曲同工之妙。

2. 开门见山式

在教学论文的开头，直截了当地表明作者对某个问题的看法或意见，这叫开门见

山。其优点是入题快捷，使读者能很快明白作者的立场和观点。例如，《恒心是达到理想境界的最近通道》一文，开头是这样提出论点的："'锲而不舍，金石可镂，锲而舍之，朽木不折'。没有恒心与毅力的人，遇事往往半途而废，根本无法成就一番大业，达到人生理想境界。"又如，《用爱心融化学生心灵的坚冰》一文的开头是这样提出论点的："阳光孕育生命，春风沐浴大地，雨露滋润禾苗，关爱温暖心灵，爱心是师德的核心内涵，教师爱护学生天经地义。然而，怎样把爱的乳汁融进学生的心田，让爱心融化心灵坚冰，这是一个发人深省的现实问题。"

3. 有破有立式

有破有立式是指在教学论文的开头，先提出错误观点，对错误观点分析批判后，再引导出正确观点。这种先破后立表述论点的方式，可以在对照中使论点更加明确。例如，《"这山望见那山高"别解》——我以为是完全可以的，这个观点就是对传统自我的挑战与超越：

"群峰兀立，巍峨挺拔。一个登山者，只有登得很高，才能看得更远，才能真正体味到那'一览众山小''无限风光在险峰'的愉悦。而要达此目的，就非有无高不可攀的决心不可。要向最高峰挺进，就不能停留在原地，必须不断地仰望更高的山峰，不畏艰险、脚踏实地勇于攀登。这不就是'这山望见那山高'吗？"

4. 篇末点睛式

篇末点睛式是指先对提出的问题进行分析论证，直至篇末才点明论点。这种方式说服力强，令人读后深信不疑。例如，《勇于负重前行》一文是这样论述的："负重前行就是要不怕艰难险阻、奋勇向前，负担在我们大家的眼里似乎是个贬义词。透过它，我们好像感到了沉重、艰辛与痛苦，使我们有一种压抑之感。但为什么不换一种眼光、思维方式来看待负担呢？人们对于负担，有的嫌弃害怕，有的远离，甚至唯恐避之不及。但我要说，有负担好，有压力才会有动力！它是一条鞭子，鞭策着我们前进；它是一块磐石，压在我们的背上，让我们不得不看清脚下的道路，踏踏实实走稳每一步。

"背上有负担怎么办？站起来、挺直腰、别趴下！我们是跨世纪的一代，我们是肩负民族复兴的一代，也许将来的负担会更加繁重，挺起腰背，我们是中华民族的脊梁、责无旁贷！"

二、怎样表述教学论文的论据

论据是论文中用来证明论点的道理和依据，是撰写论文必不可少的重要材料。论据主要有两种：一种是理论论据；另一种是事实论据。表述论据要详略恰当，对支撑论点的主要材料要表述得细腻，所用笔墨要适当增加；对非主要材料（次要部分）要表述得简单一些，一般为略写。还可以将要写到文章里的材料，根据分论点的需要分组选用，属于同一分论点的材料合成一组，有几个分论点就有几个组合。

1. 理论论据

理论论据是指能够反映客观事物或现象的本质与规律，经过实践检验有普遍意义的理论。例如，党和国家的方针政策、法律条文、名人名言、经典著作、哲学思想、科学原理等，都可以作为理论论据。我们在撰写教学论文时，可以通过下列常见导语牵引出理论论据："辩证唯物主义思想认为……""无数历史经验告诉我们……""调查研究结论表明……""古人云：'工欲善其事，必先利其器'……""中国古代教育家孔夫子先生说……"

2. 事实论据

事实论据是指在教学工作或研究性学习中，通过观察、调查、访问、阅读书报等途径得来的一些数据和有一定代表性的人证物证、典型事例等。如我们观察记录的自然现象、地理景观、城乡调查，对教育教学改革现状的思考，访问社会贤达、教科研名人，亲自动手实验等获得的第一手材料，都可以作为事实论据。我们在撰写教学论文时，可以通过下列部分导言引出事实论据："经过多次细心观察，我发现……""在我的教育人生中有这样一段经历……""从调查研究中我们不难发现……""我们的做法和感悟是……"

三、怎样设计教学论文的论证方式

教学论文按照其论点的性质和论证方法分析，可以分为立论和驳论两种论证方式。

1. 立论

立论是作者根据可靠事实和正确理论从正面提出的对某个问题的看法主张，并从正面论述这种观点的正确性、可靠性。例如，《论课堂教学中学生主体地位的确立》《浅谈地理实践活动的育人功能》《切实开展青少年抗挫折教育》，这些教学论文一般都属于立论，是中小学教师撰写教学论文最常用的方式，只要是自己的经验做法、感悟等，都可以从正面提出自己的看法和主张。

2. 驳论

驳论是通过反驳对立论点来阐明自己论点的一种论证方式。属于驳论的教学论文一般有三种方式：一是反驳论点，揭示并证明对方论点错误之所在，运用事理和事实将对方的论点驳倒；二是反驳论据，指出对方论据的虚伪性或片面性、偶然性，进而驳倒论点；三是反驳论证，指出对方论点和论据之间的逻辑错误，从而驳倒论点。例如，《"没有教不好的学生"这命题能构成悖论吗？》《对目前小班制教学说"不"》《旧版〈高中地理必修1教程〉知识建构若干疏漏》等。

教学论文根据论据资料在论证过程中表述的方式，可以分为并列式、层进式、对照式、总分式四种形式，在实际写作中往往是多种方式综合运用。

四、怎样设计教学论文的论证方法

论证要具有严密的逻辑性，论证就是揭示论点和论据之间相互联系的过程。有了论点和论据以后，并不是把写作材料简单拼凑在一起就能成为一篇好文章。作者必须根据论点的需要，把论据组织起来，使论点和论据成为一个有机整体。常用的逻辑论证方法有归纳法、演绎法、类比法等，这些方法在一篇文章中往往交织运用。撰写教学论文，其论证方法多种多样、表达方式丰富多彩，下面简要介绍六种常见的论证方法。

1. 事例论证法

事例论证法指运用典型事例作为论据来证明论点的一种方法，这就是人们常说的"摆事实"的论证方法。《近墨者未必黑》一文用的就是事例论证法："中国有句成语，近朱者赤，近墨者黑。一定是这样的吗？我看不尽然，近墨者未必黑。环境影响人，人也可以改变环境，荷花可以出淤泥而不染，卓尔不凡。就班级管理而言，同学之间相互影响也十分重要，优秀学生正能量满满，表现不佳的学生副作用不可低估，但是也有个别学生自我调控能力很强，可以独善其身，能排除干扰逆流前行。这样的案例不胜枚举。"

2. 分析论证法

分析论证法是通过分析问题、剖析事理揭示论点和论据之间的因果关系，证明论点的正确性。《再说愚公》就是运用了分析论证法，敢于发表新的看法，言之有理，感人至深，令人豁然开朗、心悦诚服："愚公未必是中国人的优秀代表，勤劳智慧才是我们的本质。"

3. 引用论证法

引用论证法指引用名人名言、成语典故、哲学思想、科学原理等来证明论点的正确性的方法。《人多未必力量大》就是运用了引用论证法："'人多一定力量大吗？'我们的回答是不一定。人多未必力量大，不然为什么'一个和尚挑水喝，两个和尚抬水喝，三个和尚没水喝''艄公多了会翻船'呢？一些单位，人浮于事，经常扯皮，意见分歧，议而难决，决而不行，不就是人多了在作怪吗？'各人自扫门前雪，不管他人瓦上霜'一向被认为是自私、狭隘、不关心他人的思想行为，但并非应该全盘否定，至少原则上对他人没有构成明显的伤害，其实人人如果真的做到了自扫门前雪，那也就守住了底线。例如，郑板桥的'难得糊涂'，这难得糊涂有时竟能很好地处理问题解决纠纷啊。小问题适当糊涂一点又何尝不是一种智慧。当然，原则问题、大是大非问题是不能糊涂的。"

4. 类比论证法

类比论证法指将两种相同或相似的事物放在一起进行研究比较，从而得出有关结论；或用讲故事、打比方、引用成语典故来阐明一个道理，从而证明自己论点的正确。例如，《学会做课后"诸葛亮"》用的就是类比论证法："大凡上课前，教师们都要做'诸葛亮'，认真钻研教材，深入了解学生，精心设计教法，运筹帷幄，然后方能站稳三尺讲台。然而不少教师一节课上完了便觉得万事大吉，缺乏反思，对自己上课的成败得失从不过问，我行我素，因此，教学水平提高不大。这里，我奉劝广大教师，不仅课前要做'诸葛亮'，认真备课，课后也要做个'诸葛亮'。静思回味每节课的经验与不足，虚心听取各方面的意见，用心探求新技法，不断提高教学水平。只有这样，才能使自己的教学不断完善进步。"还有一种类比的方式与众不同，它强调的是相反事物的比较，引导截然不同的逆向思维方式。"'走自己的路，让别人去说吧。'这虽是但丁名言，但我们不能一味地套用，如果自己的路走错了，那为什么不听别人的劝说改正呢？另外，我们还可以从求异思维的角度设计其他主题。比如，走自己的路，同时要胸怀大局、方便于人，切不可让别人无路可走。类似立意也是颇有新意的选项。"

5. 归谬论证法

归谬论证法指由反面论点引出错误结论，从而阐明论点的正确性的一种方法。一般先假设对方的错误观点是"正确"的，然后从对方的论断中推导出一个荒谬的结论来，从而证明对方的论断是不能成立的。例如，《应试教育之我见》用的就是归谬论证法："教育是什么？是考试！读书为什么？学生为考试而学，教师为考试而教，教材为考试而编，机构为考试而设，经费为考试而拨，政府为考试而忙。考得好的学校是好学校，会教学生应付考试的先生是好教师，考上理想学校的学生是优等生；反之，亦然。可见，考试乃教育之中心，莘莘学子，为考试而来，因考试而去。两耳不闻窗外事，一心只读升学书，不少精致利己主义者应运而生。扪心自问，如此教育，岂有此理？"

6. 说明论证法

说明论证法是一种运用说明文的形式来说明事理的方法，常用于知识介绍、科学小品、方法指导等文章中。《课堂教学要善于启智》就是运用了说明论证法：课堂是我们教学科学文化知识的重要阵地。课堂上应充分发挥每个学生的积极性主动性，让大脑经常伴有疑问、困惑、期待、思考、辩论、感悟等逻辑思维活动，并通过老师的讲解和示范，深入领会教材内容，在认识上既有量的积累和增加，又有质的飞跃和升华。为达此目的，课堂上我们每个学生都应积极动脑思考。有疑问。疑问是引起思考的第一步。

学起于思，思源于疑；学而不思则罔，思而不学则殆。所以在课堂教学中，我们要有疑问，要善于质疑。有困惑。只有产生了困惑，才能出现"愤""悱"的状态。有期待。当学生遇到问题感到棘手，自己不会解决时，就期待老师帮助。有思考。学生一下子难以理解的问题、弄不明白的疑点，需要慢慢地去琢磨、思考。老师讲课应留出一点时间，引导学生去沉思，使之进一步深刻理解和领悟。有辩论。教材中的疑难问题，除了听老师分析、个性化讲解之外，学生还应大胆质疑问难，争议讨论，各抒己见，集思广益，展开问题深入探究、力争解决问题。有感悟。当学生遇到问题在迷惘中经过老师的巧妙点拨，常常茅塞顿开、豁然开朗，师生共鸣，心领神会。

五、怎样拟定教学论文的小标题

教学论文形式多样，有些不需要小标题，有些还需要拟定小标题。怎样拟小标题呢？通常采用的方式是排比式，如《课堂教学要善于启智》一文的小标题是"五有"：有疑问、有期待、有思考、有辩论、有感悟。又如《备课的"四多"和"四少"》一文的小标题是：多思考，少抄袭；多集体，少个人；多调查，少杜撰；多创新，少俗套。

如《努力提高学习效率》一文的小标题是：一年之计在于春，一日之计在于晨，业精于勤荒于嬉，行成于思毁于随。又如《刊首语的写作技巧》一文的小标题是：新（立意选材突出一个新字），精（内容形式蕴含一个精字），活（写作技法体现一个活字）。

六、怎样安排教学论文的段落和层次

段落是构成文章的单位，是指文章的内容在表达时，由于间歇、转折等情况所造成的分隔、停顿，是行文中自然形成的表现思想内容的单位。段落在文章中以换行作为明显的标志。

层次是文章各部分内容的次序，是作者根据事物发展的阶段性特点和客观事物各个侧面以及作者认识和表达事物或问题的思维发展过程，是文章结构安排的重要组成部分。设计安排教学论文的段落和层次的方式主要有以下几种。

（1）顺联式。按时间先后或事物发展变化过程或由浅入深等递进关系来组织材料，安排句子、句群的关系。句段之间存在顺接关系，常用表示并联关系的词语连接。

（2）逆接式。前后意思相反或时间先后颠倒，前者常用"但是""与此相反""反之"等词语联结；或者用"倒叙"的写法来表达。

（3）解析式。后边的句子对前边的句子进行申说、解释、总括。常用"例如""换句话说""依我之见""总而言之"等词语联结。

（4）类比式。在段中把同类或不同类的事物做类比、比喻，常用"正如……""好比……"等句式表示这种关系。

（5）推论式。先说出道理或摆出事实，然后从中引出结论，段落间具有推理的关系，常用"因此""那么""显而易见"等词语联结。

七、怎样安排教学论文的过渡和照应

过渡是为了使文章文气贯通、前后衔接、逻辑顺畅、一气呵成，具有严谨性与说服力。一般来说，在转换文章内容和变动表达方式时需要过渡。过渡的方式通常有三种：①用过渡词。行文中常用一些关键性的过渡词来表示过渡，如"因此""然而""首先""其次""再次"等关联词语。②用过渡句。在层次和段落之间实现过渡，则要用过渡句，如《切实加强中小学生心理健康教育》一文的过渡句是这样的："当前中小学生的心理健康问题屡见不鲜，并且表现得比较复杂，其主要成因如下……"③用过渡段。以整段文字的形式实现层次和段落之间的过渡。例如，《教师怎样与学生谈心》一文就用了过渡段：教师跟学生谈心是一项常见的育人工作，对学生良好思想品德与行为习惯的形成至关重要，为此，必须运用行之有效的谈心技巧，只有适时、适人、适度的攻心战术，才能拨动学生的心弦，产生思想共鸣，使学生明是非、辨真伪、懂美丑、知荣辱，取得理想的教育效果。为此，在谈心时因材施教，晓之以理，动之以情，导之以行，让学生心悦诚服。

照应是指文章的上下文相互关照呼应。上文写到的事物，下文要有回应；下文写到的事物，上文应有铺垫。照应的作用是帮助读者了解文章的脉络和层次之间的内在联系，同时还可以使文章结构更趋严谨完善。常用的照应方式有两种：①首尾照应。文章开头提出的问题，要在结尾做出回答。这种照应方式用得相当普遍。②前后照应。行文后面对前面的伏笔、悬念的呼应，就是前后照应。

八、怎样设计教学论文的开头和结尾

（1）开头是文章的起始，教学论文的开头比其他文体简单。常用的开头方式大致如下。以问题开头引发读者思考，例如，《心理健康教育势在必行》一文就是以问题开头的："是否要对青少年学生进行心理健康教育？见仁见智、不足而道……然而，当今中学生心理健康问题十分令人忧虑。"从人们感兴趣的话题说起，如《略谈"学生为主体"与"教师为主导"关系》一文就是这样开头的："目前，在新课改背景下，常规教学工作中怎样处理好'学生为主体'与'教师为主导'的关系，已成了各级各类学校的热门话题。对此，许多教师在疑惑，在期待，在探究，如何解决人们认知上的矛盾，实践中的困难，经验教训的处理等问题，可谓前路崎岖、任重而道远。"借用一个典型的故事开头，如《竞选班长》一文就是借用一个事件开头的："高一新生开学，千头万绪，困难重重，但我认为关键是尽快熟悉学生、找好帮手、群策群力。所以，第一件事情就是竞选班长、组建班干，依评选条件而论，以突出能力与自愿为原则。据了解，全班学生初中当过班长的就有五六人，但班长名额只有一个。"通过一些妙语警句来导入，如《高三学生培优与扶弱》一文的开头是这样设计的："对优秀生而言，培优犹如锦上添花；就学困生而论，扶弱好比雪中送炭；我想，这个道理似乎很简单，人们都懂得；然而在具体操作上，往往不尽如人意……"

（2）结尾是文章内容发展的必然结果。或问题解决，或故事终了，意尽言终；或事件告一段落，言终意不尽。古人把好的结尾比作"点睛"。结尾有以下几种：①总结式结尾，使文章结构完整，主题得以自然深化。②号召性结尾，语言具有很强的感召力与鼓动性，可以激励读者行动。③呼应式结尾，常见于问题开头，结尾时做出照应式回答。④妙语式结尾，利用名言、警句或诗歌，使结尾文采飞扬，再次出现高潮。

第二节 反复修改，不断润色

教学论文是教学改革实验与研究的成果，对于促进教学经验的交流和教研活动的广泛开展，提高相关学科教学质量、加强教师队伍建设都具有重要的作用。在确定这种科学评价体系的评价指标时，必须遵循下列几条原则。

一、教学论文评价的基本原则

教学论文评价的基本原则有以下几种：①导向性原则。强调教学论文一定要从地理教学实际出发，有针对性地提出问题、分析问题、解决问题，总结带有普遍意义的教学规律，防止离开教学实践，一味地空讲大道理的那种说教式的倾向。②科学性原则。科学、合理地确定地理教学论文的评价项目、评价要点及各个评价项目的权重系数；同时采用定性与定量相结合的评价方法，以避免论文评价的主观随意性。③整体性原则。全面考核论文所总结的教学改革课题的实验情况，即从问题的提出到教改计划的制订，实施过程、效果检测，直至最后总结和撰写成文这一全过程。④可行性原则。教学论文评价指标体系的建立，既要充分体现现代教育理论与教学大纲的基本精神，又要从本地区教学改革的实际出发，做到要求明确具体，方法简便易行；看得懂、学得会、用得上。

二、教学论文评价的指标要点

教学论文评价的指标体系、评价项目和评价要点的具体要求有：①针对性。论文的主题提炼是根据当前学科教学中存在的问题提出的，并且具有较强的针对性。论文论述的问题是当前中学教学改革中亟待解决的、带有普遍意义的课题；针对这个课题，提出了带有普遍意义的解决办法。②科学性。论文以科学的现代教育学、心理学、现代教学论、现代学科教育学的基本观点作为理论依据。论文的论点明确，旗帜鲜明，论据充分，论证周严，逻辑性强，论点和论据二者结合紧密、相互影响、相互支撑。要求论文中所论及的学科知识没有科学性错误，同时语言流利通畅、简明扼要。③思想性。论文论述的课题是有关学科教学中的思想教育问题，或者论文的内容能够充分体现出以德树人的基本理念，论文中的思想情怀必须自然渗透在文章论述的学科知识教育和能力培养过程之中，达到教书育人、寓教于乐的目的。④实践性。论文经验必须在教学实践中提升，论文所论述的经验与感悟，应该在当前学科教学实践中具有普遍的实用价值和推广意义。⑤条理性。论文写作结构必须做到条理清晰，结构完整，文通字顺，严谨规范。⑥独创性。力求论文所论述的地理教改课题具有独创性，或者在论文中能够提出有比较新颖别致的观点和与众不同的见解。有了这些具体的评价项目和要求，评价地理教学论文便有了客观的标准。但是，由于各个评价项目在整个评价指标体系中的重要程度与权数比重不同，在评价过程中不应将它们等量齐观，而应突出重点、科学权衡。

三、教学论文评价的方法策略

中学教学论文的评价方法同课堂教学的评价方法极为相似，即定性分析与定量测量相结合的综合评价方法。定性分析就是在定量测量各个评价项目所得等级分的基础上，结合对该篇论文的总体印象，而对其做出的等级界定（用优秀、一般和较差三个等级表示）。定量测量就是按照教学论文评价指标体系，采取逐项评等级分的方法来进行质量测定。实践证明，单纯的定性分析往往带有主观随意性，而只靠定量测量，又脱离教改实验，片面评价文章的好坏，也不可能公平合理地评价教学论文。只有将二者紧密结合起来的综合评价方法，才能科学合理、客观公正地评价教学论文。其实，中学教学论文与课堂教学的评价方法也有所不同，主要体现在以下两个方面：首先，评价教学论文时的等级赋值方法与课堂教学评价方法不同。其次，课堂教学的评价是在参与了整个课堂教学过程之后所进行的直接评价，而教学论文的评价则是在直接脱离教改实验过程的情况下，对该项实验成果所进行的间接评价，难度更大。强调将教学论文本身同教改课题实验的全过程紧密结合起来，最大限度地摆脱主观随意性影响，真正实现评价的科学化。

例文：第三只眼看中学多媒体教学

论文导读：基于信息技术背景，运用多媒体实施学科教学早已成为常态。多媒体因信息量大、交互性强、可视性好而备受众多教师尤其是青年教师的青睐，同时产生了良好的辅助教学效果。毋庸置疑，多媒体教学具备许多传统教学无法比拟的优势，但我们切不可夸大其词、以偏概全、无视缺陷，对此，必须辩证分析，用第三只眼审视光环背后存在的问题，从华而不实、轻描淡写，喧宾夺主、难以调控，缺乏板书、建构松散的怪圈中彻底走出来。

随着计算机技术日新月异地发展，计算机在教学方面的辅助功能也日益突出。多年来，不少教育工作者始终孜孜不倦地研究计算机技术在中学教学中的广泛应用，为努力开创教学工作的新局面而不懈奋斗。

众所周知，中学运用计算机辅助教学的优势是传统教学无法替代的。主要表现为：信息显示的多媒体化，信息组织的超文本方式，信息存储的大量性，信息过程的交互性，信息传输的网络化。总之，纷繁复杂的中学教材内容通过文字、图像、声音、动画、视频等各种多媒体表现方式直观灵活地再现，这对改进教学、提高效率将产生极其深远的影响。

然而，中学多媒体教学并非万能。对此，我们必须辩证地加以分析，在传统与现代教学中合理取舍、扬长避短、推陈出新。如果我们善于用第三只眼审视中学多媒体教学并加以冷静地思考分析，便不难看出光环背后的阴影，即存在的种种弊端。

其一，课件花哨，过分渲染观赏性

多媒体课件能提供多种感知效果，不少教师利用这种优势过分强调给各科学习者提供多样化的外部刺激，因而千方百计地研制花哨课件，片面追求观赏性，其结果是在走马观花中诠释教学内容，产生虚幻缥缈的效果。

其二，网上阅读，学生难以控制

多媒体教学常用"四结合"去表现，而"四结合"教学中有一个重要环节是带着问题、上网阅读、展开讨论。殊不知，问题就出在网上阅读上，学生一旦上网，局面便容易失控。对于自制力较强的学生来讲，上网阅读是获取急需信息的快捷方式，是自主学习的有益探索；而对于自制力差的学生来讲，则宛如马放南山，浏览新闻者有之、打电游者有之、聊天者有之。

其三，看多讲少，重点难点模糊

多媒体课件的制作包括文字、图表、声音、动画、视频各个部分。教学时一般由教师演示课件，学生欣赏课件，教材各知识点的讲述则穿插其中，当然也有引导学生思考、讨论回答问题。认为与传统教学相比，教师讲得少了，学生讨论少了，课堂练习少了，从某种意义上讲，削弱了学生的主体作用，导致他们的依赖性明显增强。

其四，板书切换，影响知识结构

运用多媒体教学一般是通过鼠标的点击来切换视屏，改变视觉效果。由于切换快捷，课堂传授的知识骨架难以动力定型，影响知识结构的完整表现，难免产生凌乱的感觉。部分年轻教师精心制作了课件，课堂演示与讲析也算成功，但板书切换频繁，教材要点与规律难以整体再现，课后测评反映出知识系统性明显不够。不少教师经常利用多媒体教学，基本淘汰了粉笔，从表面看似乎省心，但效果并不理想。相反，那种边讲边板书知识脉络的传统做法却能及时有效地引起学生的注意，给人留下极其深刻的印象，同时设计巧妙的板书还可为课堂总结埋下伏笔。

针对中学多媒体教学中存在的弊端，应注意处理好哪些问题呢？我想不妨从以下几个方面采取对策。

1. 课件设计力求美观大方、易于操作

实施中学多媒体教学课件设计是关键，根据以往经验，课件制作切忌过分花哨，因为它费时费力，可行性差。美观大方、易于操作的课件才是我们追求的目标，因为它朴实无华、简便易行，能真正产生辅助教学的良好作用。日常教学工作中，不少学校教学人员紧张、工作负担繁重，如果经常制作课件，要花费大量的时间，又怎能忙得过来呢？再说，在如今视效益为生命的竞争年代，费力不讨好的事意义又何在呢？

2. 严格控制学生的网上活动

中学多媒体教学，根据其程序安排学生的网上阅读活动较多。如前所述，如果网络系统不加控制或控制不严，学生上网看什么内容就会难以控制，尤其是部分自觉性不强的学生容易"出轨"，如看新闻、打电游、网上聊天等。其结果是浪费了宝贵的课堂时间，教师布置的任务无法落实。故此，教师必须设法调控好网络系统，使学生按预定的程序运作。一方面，限制开放，不该学生浏览的网站，进行屏蔽；另一方面，在学生上网阅读时教师适时督察，严明纪律、有效调控网上活动。

3. 讲读结合、强化语言表达

对于多媒体教学，不少教师认为是将课件演示给学生看，甚至可以动手不动口，是一项教与学都十分轻松自如的现代化教学活动。其实不然，稍不注意演示就会流于形式，效果如同看电影，重点、难点未必吃透。究其原因，是知识点讲解太少、疑难问题剖析不够。所以在运用多媒体教学时，教师切不可弱化语言表达的作用，该讲的一定要讲，且尽可能讲深讲透。只有这样，教师的语言艺术才能发挥，教师的主导作用才能体现。

4. 因材施教，反对形式主义

中学多媒体教学是一种先进的教学模式，具有传统教学难以比拟的优点，但也有不足之处。作为教育工作者，必须扬长避短、正确选择、因材施教。在实际操作中切实找准现代与传统教学的切入点，对于信息量大、图像资料丰富、交互性能强、便于设计课件的内容尽可能考虑采取多媒体教学。此外，学生所处阶段也是选择教法的一个重要参数。一般而论，肄业班比毕业班实施多媒体教学的概率要大得多，毕业班面临中考或高考的抉择，受应试教育的影响，传统教法的位置在相当多的教师心目中暂时无法取代。

多媒体教学法与传统教学法各有所长。传统教法是前人教学经验的沿袭，是一种长期的文化积淀，其效果有历代人才见证。多媒体教学法则是现代微电子技术发展的产物，代表着先进的生产力方向，但在实际操作时我们切不可把它视为时装表演，陷入形式主义的泥坑。我们坚信传统与现代的完美结合才是值得追求的理想境界。

（本文发表于《地理教学》2003年第3期）

第 五 章

把握时机，力推论文——体现一个"活"字

第一节　积极参加交流评奖

态度决定高度。对一个人而言，要做好一事，绝对不可以抱无所谓的态度，过分放纵自己的思想与行为。相反，应该予以重视、恰当定位、有所追求、有所行动。毋庸置疑，作为一名普通教师，即使从理性思维与科学发展的角度考虑，尝试教学论文的撰写也是理所当然、十分必要的。

教学论文是教学研究活动的成果和对教学规律所做的科学总结，那么撰写教学论文实际上就是开展教学研究活动的一个组成部分。因此，我们只有把撰写教学论文同广泛开展教研活动紧密联系起来，始终坚持实践出真知的原则，才能正确认识撰写教学论文的重要意义。

一、撰写教学论文有利于促进中小学教研活动的广泛开展

近年来，中小学教学改革出现了崭新的局面，各级教研部门都在积极组织各种形式的学科教学年会、教学经验交流会、教学研讨会，并取得了可喜的成果。而这些研究成果，相当一部分都是通过撰写教学论文的形式予以认定，并将成果进行广泛交流和推广的，如果没有广大教师的教改实践和大量的教学论文支撑，上述教学经验交流等教科研活动的开展是不可想象的。

二、撰写教学论文是促进中小学师生迅速成长的有效举措

当前，中小学教师队伍的业务状况并不十分乐观。一批有经验的老教师已经退出或即将退出教学第一线；中青年教师由于种种原因还不够成熟，其中相当一部分教师还不能挑起教学重担，在专业知识、教学水平、教研能力上均有待锤炼和提高，有的学校教科研后继乏人，断层现象十分明显，前景堪忧。近年来，本人多次参加省市教师高级职称与"三名工程"评审活动，感受最深的是部分教师必备的参评论文粗制滥造，难以达标，被一票否决。因此，大力开展群众性教科研活动，积极撰写和交流教学论文，是提高中小学教师业务素质、改变教师队伍智能结构的一条有效举措，也是促进中小学教学水平提高的重要途径。

（1）教学与教研理应并行不悖。从某种意义上讲，教学与教研好比是教师的两条腿，缺一不可，二者紧密联系、相互促进、并行不悖，任何顾此失彼、寻找借口的做法都是错误的，所以我们没有理由轻视或放弃教研。撰写教学论文则是教研工作总结与成果记录，是教研活动不可或缺的环节，是衡量一个教师学术水平与业务能力的重要标志，更是学者型教师成长的必经之路。何乐而不为？

（2）撰写论文与课题研究结合，目前学校教研活动成果评价主要体现在教学论文与课题研究两个方面。教学论文的撰写绝大部分是个人行为可操作性强；而课题研究工程系统庞大，自上而下牵涉面广、周期长、制约因素多，省级以上大课题少而精，大多由各级主管部门按计划分配，然后逐级选拔评审，最终获胜者才能承担课题研究任务。然而担任课题主持人者自然为相关单位领导，普通教师担当课题负责人的机会微乎其微，对教师个人来讲，其可行性则大打折扣。因为很多大课题难度偏大，专业水平要求高，现有教师的知识储备与时间精力稍显不够，效果并不理想。显然，普通教师撰写教学论文比课题研究更切实可行。这只是一种理性分析，只能说明存在成功概率，但实际情况并非如此，许多教师课题研究相对顺利，而论文撰写却十分困难，究其原因，课题研究相对宽泛、可由课题组成员多方协作完成，而论文撰写需要严谨务实、字斟句酌、反复推敲，来不得半点虚伪与骄傲，论文一般强调作者独立完成，所以作者的专业素养、研究能力与文字功底至关重要，尤其欲想在正规有影响力的专业刊物上发表论文更是难于上青天。可见，论文撰写与课题研究孰轻孰重、孰易孰难？不可一概而论，理应因人而异。当然，最好的方式是结合教学实践与课题研究的成果撰写有内涵的高质量论文。

教学论文是教学改革的成果，是经验的总结。因而，撰写论文要同教学改革实验结合起来，把它作为完成整个教学改革实验课题的一个环节，最后出成果的环节。如果我们从完成一个教学改革实验课题这个整体的角度来看，必须撰写一篇教学论文。从某

种意义上讲，撰写教学论文只是课题研究的一个组成部分，相对比较简单，易于操作，理论性、逻辑性较强；而课题研究是一项非常系统的工程，时空跨度较大，难度系数较高，实践性、操作性较强。论文撰写与课题研究二者相互联系、相互影响、相互促进。课题研究关键在于实践探索，教学论文撰写关键在于选题布局、文字表达。论文选题一般包括基础理论问题和实际应用问题两大方面。

其一，基础理论问题的研究，包括中小学学科大纲和内容体系、教学原则、教学过程及教学特点等。这些理论问题的研究，对于端正教师的教学指导思想，从而避免教学的盲目性，搞好教学工作十分重要。教学大纲要从两个方面来看：一方面是教学大纲有了规定，我们应该认真研究如何更好地贯彻落实；另一方面我们还要看到，任何一个教学大纲都是一定历史条件下的产物，具有一定的局限性，需要及时进行修订。所以，我们在地理教学中，既要把教学大纲作为教学依据，认真贯彻落实教学大纲各项要求，同时要通过自己的教学实践，结合大纲加以检验，对其中不完善之处，敢于大胆提出自己的看法。

教学原则的研究包括一般教学原则和学科教学原则的研究，后者常常是研究的重点。例如，如何更好地贯彻以辩证唯物主义为指导的原则，将基本原理同事实材料有机结合的原则，在研究因材施教原则、启发性原则、直观性原则、实践性原则等问题时，都要结合地理学科的特点来进行。

教学过程的研究是指着重研究学生如何在教师指导下，通过教材讲授和实践活动学习相关学科知识，实现高效教学的探究。然而目前研究效果并不理想，如教师讲授过程研究太多，如何指导学生学习过程研究太少；基础知识学习应试成绩提升途径研究较多，智能培养和思想教育过程研究较少。因此，这是一个大有可为、机遇竞争并存的研究领域，需要拨乱反正、开拓创新、务实前行。

其二，学科实际应用问题的研究，包括学科教材、教学方法、教学手段与形式的研究等。这些实际应用问题的研究，对于提高教学质量往往是最直接的，也是教师研究较多的主要问题所在。教材的研究包括教材的指导思想、教材体系、教材内容及重难点，教材的科学性、思想性、趣味性，教材的深浅程度与分量，等等。研究教材是为了更好地掌握处理教材。教材同教学大纲一样，也是一定历史时期的产物，难免具有局限性，因而必须适当删减、补充和调整教材的内容，以满足教学改革与学科发展的需要。教学方法的研究是教学研究中最主要、最经常的研究课题。其研究范围十分广泛，既包括教师的教法，又包括学生的学法；既包括讲授地理基础知识的方法，又包括培养思维能力和立德树人的途径；既有学科认知方法的研究，又有组织教学技巧的探讨，因而涉及整个教学过程的各个环节与不同层面。教学手段的研究也很重要，特别是地理教学中现代化教学手段的应用,是当前教学手段研究的重点,值得我们认真地探索。教学形式包括课堂教学和课外教学两种,如何使二者紧密结合也是一个十分重要的研究课题。

总之,教学改革研究课题很多,这就要求我们善于独立思考,认真分析课题的必要性、重要性和可行性,分清主次、抓住重点,结合学校的具体条件和个人的特长加以确定。一般来说,课题不宜选得太大,否则很不容易驾驭;题目的针对性要强,要善于抓住那些教学中带有普遍性、典型性、关键性的问题去进行研究和探讨。无论怎样选择,课题都应是从教学实践中来,因为教学实践是教改研究的主要源泉与最终归宿。

(3)需要与责任高于个人兴趣。人最大的快乐莫过于做自己最感兴趣的事情,但又有多少人能如愿以偿呢? 实践证明,需要与责任才是我们工作的原动力。作为教师,撰写劳神费力的教学论文也是一种需要与责任。一方面,应付学业拿文凭与继续教育需要论文,评审职称与名师评聘需要论文,教学研究与学术交流需要论文。另一方面,素质教育形势发展、学者型教师的成长更需要教科研论文。可现实生活中有部分教师重兴趣轻责任,习惯于"教书匠"身份,做一天和尚撞一天钟——得过且过。有些教师撰写论文是为了完成领导布置的某些任务,或是为了参加一些学术会议、晋升职称、名师评聘等。这种"奉命作文"大多具有公式化、程式化的论文特征,"观点加事例",以叙代议,博引名言、借鉴警句、东拼西凑、泛泛而谈者屡见不鲜。久而久之,形成了不正当的抄袭文风。而自己从事教学研究或教育科研的感受、思考和成果、真知与灼见却不能有机地融入其中,这样写的专题总结或论文,很难达到上述"完善、提高、升华、飞跃"的目的。所以,要想写好论文,首先要真正明确写作论文的目的。为不断提高自己的理论水平、业务素质而写,为更好地促进教师健康成长,尤其是为专业发展而写。有了这样的深刻认识与明确目标,就很可能变"要我写"为"我要写",知难而上、善始善终、自觉撰写。瑞士心理学家皮亚杰说:"兴趣是能量的调节者,它的加入便发动了储存在内心的力量。"无数事实雄辩地证明,认识提高必然产生写作欲望,导致写作工作不断推进。写作成功的喜悦又能激发再写的兴趣,其结果就会越写越多、越写越好、越写越爱,进而养成良好的写作习惯。青年朋友们如果能达到这种境界,教学论文的创作自然水到渠成。

要较好地体现撰写成功的教育教学论文的社会意义与学术价值,就必须积极参加相关教育机构与主管部门组织的论文交流、评比,甚至在教育教学专业杂志上公开发表,只有这样,才能及时与广大听众、读者产生心灵共鸣,发挥良好的辐射引领作用。

第二节 竭力推荐，公开发表

我们必须力争在正规刊物上公开发表教学论文，教学论文的发表是对作者学术水平、专业水平、教研能力的肯定。第一篇教学论文的发表，对一个人来说，不亚于奥运会上"零的突破"，它将成为作者教学生涯的里程碑。在自己岗位上默默耕耘的教师发表教学论文的目的是参与课题研究、学术讨论、职称晋升、教师成长、教育理想，并通过论文发表受到激励，促进学术交流与综合素养提升，尤其是理论水平和业务能力的提高。这是成就学者型教师与名师发展的必备条件。

教育教学论文是教师对某一学科领域中某些问题进行专题研究和探讨，在取得了一定成果之后，需将这些研究方法与成果系统地整理出来，然后撰写而成的文章。这些文章可以是教研过程与成果的记录，也可以是教育教学研究的工作总结。它是教师辛勤笔耕的结晶和能力的体现，也是衡量一个教师学术水平、业务能力高低的重要标志。目前，有许多教师教学业务精湛、经验丰富，授课艺术水平较高，教育教学效果较好，可就是苦于长期写不出像样的教学论文。其中，除少部分教师因职业倦怠或教育理想根基不牢懒得去写之外，绝大多数不是不愿意写，而是不知道怎样写出好文章，许多人因缺乏写作技巧而难成善果；特别是有些教师还想在有一定资质与影响力的专业刊物上公开发表文章，那难度就非同一般了：一是文章质量不过关，难以达标；二是即使写得不错，也缺乏自信不敢投稿；三是不知道怎样选择相关杂志，规范投稿。

竭力推荐作品：优秀教学论文的创作凝聚着教师大量艰苦复杂的劳动，是教师教研成果与业务水平的体现，同时具有良好的学术价值与社会效益。所以，作品一经诞生就应该想方设法向社会推介与传播，让大众分享。具体操作时可以从两个方面下功夫：其一，积极参加相关评奖活动。主动把握各级论文评审事宜，尽力拿回自己应得或理想的奖项。其二，大胆投稿，力争发表。教学论文在专业报刊上公开发表是撰稿者梦寐以求的事情，不过难度较大（尤其是相关专业核心刊物）。尽管公开发表论文相对困难，但适当运用技巧就可能提高被杂志社接受的机会，投稿前，我们需要做到有的放矢，把文章投到相关专业刊物。如中学地理杂志主要有三家：《地理教学》《地理教育》《中学地理教学参考》,作者对此必须深入了解,熟悉其宗旨与风格、版面与栏目、层级与要求,做到心中有数。另外,遵循循序渐进的原则,可先定位在层次较低的刊物,从"豆腐块"做起;要有恒心、耐心,不要怕退稿,要有屡败屡战直至最后夺取胜利的信心与勇气。此外,必要时也可以尝试投给其他刊物,成功往往就在坚持不懈的努力后。

下 篇

实

践

篇

第六章
以教育随笔为基础

  随笔，即随手笔录，是散文的一个分支，也是议论文的一个变体，兼有议论和抒情两种特性。通常篇幅短小、形式多样、语言灵动，是当今社会较为流行的一种文体。随笔这类文章，或讲述文化知识，或发表学术观点，或评析世态人情，启人心智，引人深思。在写法上，它们往往旁征博引，而不做理论性太强的阐释，行文缜密而不失活泼，结构自由而不失严谨，因此，富有"理趣"是它们的突出特色。随笔借事说理，在写作样式上没有什么固定的限制。作者要着力描写一个事件，不用太多的语言去议论，做点评，把一件事情写清楚，结尾有个简单的点题即可。随笔道理寓于故事之中，读者通过作者叙述的事件，就能受到触动，明白意象，写随笔重点在于表达出写作意图：或者是一种愉悦心情，或者是一点感悟，或者是一个观点……总之，随笔之"随"字，突出了其内容到形式的自由灵动、开放包容的特点。

  随笔种类众多，主要包括记叙性随笔、议论性随笔、说明性随笔、教育随笔。

  记叙性随笔大多取材于日常生活中的片段或作者的偶然经历，基本内容是叙事写人。其主旨是写情见性，它的抒写往往融入作者的主观感受；它描写的通常是人们经历的平凡小事，但仔细品味后，会察觉世俗风情、人生道理。

  议论性随笔具有选材自由、主题广泛的特点，大至社会问题、人生哲理，小至身边琐事、校园风情、学习心得、书籍品评，均可信手拈来。作者有感而发，哪怕是一点思考、一点感受、一点意念都可带到文章中去，尽量保持一种随意漫谈风格。

  说明性随笔不同于纯粹的说明文，它看重的是事物中的意趣，带有鉴赏性质，有时借物抒怀，有时托物言志。它以精细而敏锐的观察力，捕捉到事物特色的生命，笔调轻灵，自然成文，以我观物，色彩鲜明，物我交融。撰写随笔貌似随心所欲，其实大有技巧可循。其一，随手。随笔中涉及的多为一些即时发生的事件或偶然产生的想法，类似于火花闪动，稍纵即逝，需要及时捕捉。所以要养成随手记录或写作的良好习惯，否则留下的只能是一声叹息。其二，随便。随笔没有什么特殊格式的要求，不需要过分强调论点论据，文字可长可短，如果你没想好这件事说明了什么，理论依据如何，但它却让你产生强烈的写作冲动，大有不说不快之感，那么你就可以尝试先把事情写出来，然后让身边的朋友去理解、去感悟，再采纳他们的意见加以修饰，说不定会收到无心插柳柳成荫的神奇效果。其三，随心。随心即是指心之所向、脑之所思、笔之所写，一气呵成，不要有太多限制，一切听从大脑指挥，心动决定行动。其四，总结。随笔要想写好，必须有自己的独到之处，不落俗套，需要我们有一双善于发现亮点的眼睛，有一个善于求异思维的大脑，工作之中要注意观察，将教师生活寓于学生群体之中，用心思考新的教育理念与教学实践的深度融合，只有运用智慧的眼光，才能有精彩的发现。此外，还必须不断学习、与时俱进，认真解读他人随笔精品，同时注重积累相关理论，取长补短。当然，最重要的一点是，要想写好随笔，关键是坚持积累、善于思考、勤于笔耕，实践证明，只有心动变成行动，才能让理想成为现实。

教育随笔，顾名思义，就是谈教育思想观点的随笔，也可以是"教育一得"，主要写教育中某一体会最深的心得。它的主要特点是题目小、篇幅短；层次和结构比较简单；内容单纯，涉及面小，写作材料便于收集、整理和使用。教育随笔是最适合教师创作使用的一种形式，也是教师写作练笔的重要途径。常见的有借事说理、夹叙夹议等形式。教育随笔的意义主要表现在：真实及时地记录身边的教育生活，让过去的智慧、思想火花长留在这个美丽的教育世界，不断促进教师专业成长，因为要写，所以要阅读；因为要写，所以要实践；因为要写，所以要思考，写作是教师最好的教育研究，最棒的成果展现；让每个教师成为新课程改革的成功实践者与改革者，新课程改革，对教师提出了许多实质性、现实性要求，但边做边思、边思边写、行动研究、实证探索、螺旋前进是最常见的行为模式。苏联教育学家马卡连柯认为："教育学是最辩证、最灵活的一种科学，也是最复杂、最多样化的一种科学。"在传道、授业的过程中，教师应根据教育对象，创造性地运用教育理论和方法因材施教。回顾和总结教育教学过程的方法与心得，这样不仅积淀了个人在教育教学方面的体验与感悟，而且丰富了有效教育教学的储备与资源。撰写教育随笔的方法其实很简单，只要把自己的所见、所闻、所思转移到自己的笔下就差不多了，当然逻辑和文采也需要考虑与修炼，但它特别强调的是自然感受的流淌，心灵的私语，智慧的沉淀，有些教师会说自己没有时间写东西，抑或想起写文章就头痛，其实不然，许多教师能讲出十分精彩的教育故事，如果尝试把这些故事变成书面文字，那自然就成了很好的随笔。此外，撰写高质量的教育随笔还必须注意以下几点。

（1）立意要新，所写的教学心得体会，不仅要自己觉得有新意，而且要让别人觉得耳目一新。

（2）举例要真，在举例时一定要把事实真相讲明白，使读者一目了然。

（3）以小见大，从个别具体的事例出发，能体现出一般规律，使读者透过现象看本质，通过个性看共性。

（4）形式多样，教学随笔没有一个固定的格式。可以不拘一格、百花齐放；可以先简述文章的中心以及写作目的，再列举实例说清楚事实及过程，最后归纳小结教育心得体会。教育随笔表达方式因人而异、各有千秋，只要有血有肉、有情有义、切实可行，殊途同归又何尝不可。

（5）题目宜小，内容忌散。不必考虑得面面俱到，只求一事一得，管中窥豹，以小见大，内容集中，旨意明确。

（6）材料集中，记事忌杂。题目确定之后，应对原始材料进行分析提炼，在此基础上筛选出合适的材料，切忌主次不分，纷繁芜杂，没有头绪。

（7）理性思维，逻辑性强。教学随笔虽不像教学论文一样需要严密地论证，但也应努力于细微处悟出真谛，给人以启发与警示。若一味就事记事，浅尝辄止，疏于挖掘，价值不大。

（8）语言规范，简洁流畅。教学随笔应体现一个"随"字，写得轻松自如，但并不能随心所欲，必须具备规范、简洁、流畅的语言，如能注意文采，则可收到情文并茂、鞭辟入里的效果。

总之，教育随笔应用范围很广，可用于教学工作的所有方面，对教师来说，具有很强的实用性。教学有其自身的规律，虽然我们可以从前辈积累的经验中获得某些启示，但这绝不能代替自己的探索。教海茫茫，成功的彼岸在何方？教育随笔就是一叶富有个性、便于驾驭的小舟。当你在备课时抓住一瞬间灵感的闪现，当你带着成功的喜悦走出课堂，或者当你遇到一个棘手的问题，当你面对一堆失败的作业……你应该拿起笔来，把这些教学实践中的经验、教训、反思记录下来，这将成为你进步的基石、攀登的阶梯、前进的路标。此外，写教育随笔还可以系统地积累资料，它将成为你教研的第一手资料。教学之余勤动笔墨，则写论文时素材丰富、信手拈来；相反，慵懒度日，疏于笔耕，即使定了研究课题，也难以着手探究。

附:

因材施教，发展学生特长

每一个人都会有自己的特长，关键在于千方百计发现特长，扬长避短，因材施教，培养特长，成就特长。

众所周知，达尔文少时读书时成绩很糟，每天清晨背诵荷马诗，前学后忘，被他父亲指责为"给家族丢脸"。然而，达尔文却擅长打枪、玩狗、捕鼠、捉虫子。后来，他得益于这方面的特长，创立了生物进化论。拿破仑在巴黎军校毕业时名列第四十二位，他自己也承认法文不行，但这并不影响其成才。拿破仑的组织才能和胆略使他成为显赫一时的军事家。

孔子也承认自己在种庄稼、蔬菜方面不如老农，但他在讲学授徒、因材施教方面却很有办法，成为历史上的大教育家。诸葛亮不会骑马上阵杀敌，但他可以运筹帷幄，赤壁火攻，大破曹兵。成才之路上，我们何必过分求全责备？在大力推行实施素质教育的当下，我们理应坚持发展学生特长。近年来，许多学校提出了"管理有特质""教师有特点""学生有特长"的办学纲领。这"三特"中最根本的是"学生有特长"，学生的特长主要表现在学科特长、技艺特长和性格特长三个方面，尤其以技艺特长最为明显。

学生的遗传因素不同、生活环境不同，所受到的教育影响不同，因而形成的兴趣爱好、才能特长等个性品质总是有差异的。有的长于写作，有的长于说唱，有的长于绘画，有的长于社交，有的长于运动……总之，每个学生都有自己的长处。"天生其人必有其才，天生其才必有其用。"发展特长关键在于坚持因材施教、扬长避短。

例文一：做一名有个性的地理教师

论文评析：个性是一个人与众不同的精神风貌与心理特征，个性鲜明的人往往更容易引起人们的关注，给人留下深刻的印象，稳定而良好的个性是人际交往中人格魅力的体现。教师的个性对学生的影响很大，甚至产生润物无声、潜移默化的效果。做一个有独特教学风格与个性特征的教师，做一个充满人格魅力、教学出类拔萃，让学生永远敬佩且铭记怀念的好教师。

个性，亦称人格，指一个人的整体精神面貌，即具有一定倾向的心理特征总和，是个人在人类行为活动中表现出来的区别于他人的气质特征。教师的个性是在教育行为活动中表现出来的个人品格与关键能力，集中反映在教学风格及教师自身素养方面，简言之，就是教师人格的缩影。教师的个性通过日常教育活动或密切的师生交往潜移默化地影响学生的兴趣、情志、性格乃至人生观、世界观的形成与发展。

教师个性结构是多层次、多维度的复杂心理特征所建构的独特综合体，包括爱好特长、价值取向、性格气质、情感态度、行为能力等诸多因素，其对学生的影响主要表现在两个方面。

其一，显性的教学风格。教学风格是教师在教学过程中反映出的独特且相对成熟的教学艺术与作风，是教师个性的外在表现，具有艺术性、创造性、实效性、稳定性等特征。教学风格类型众多，分为理智型、自然型、情感型、幽默型、技巧型等。教师的个性化教学风格会使学生终生铭记。"自然简约、稳中求变"是我长期追求的教学风格，我的课堂教学一般具有内容充实、重点突出，逻辑严密、脉络清晰，驾驭语言、游刃有余，图文并茂、地理味浓，设计科学、稳中求变的特点。

其二，隐性的教师素养。教师素养可从以下四点来理解：首先，职业道德素养是教师执业的前提，要求教师忠诚于教育事业，热爱学生、团结协作、为人师表；其次，知识素养是教师从教的基础，包括精湛的学科专业知识、广博的文化基础知识、先进的政治理论知识、扎实的教育心理知识；再次，能力素养是教师育人的关键，主要指语言表达、教育教学、组织管理、课堂调控和自我反思能力；最后，心理健康素养是教师教育生涯的人文环境，主要包括不懈的追求、高尚的思想、核心的价值、愉悦的情感、良好的人际关系和健康的人格。其中，健康的人格对学生的身心发展起着推动作用，主要表现为积极向上的情绪、豁达开朗的心胸、坚韧不拔的毅力和勇于创新的品质。

教师个性的内涵与外延十分广泛，一名优秀的教师必须以信心、爱心、诚心、耐心为基础，同时具备友善宽容、公正坦荡、幽默风趣的品质，依托自身的学识与人格魅力吸引学生、引导学生，让学生在教师独特个性的浸染下茁壮成长、扬帆远航。

（本文为刊首语，发表于《中学地理教学参考》2021年第2期）

例文二：教学风格与名师成长

论文导读：一辈子做教师，一辈子学做教师，这是许多名师自我成长与发展的信条。作为教师，必须具备习近平总书记所倡导的"四有"（有理想信念、有道德情操、有扎实学识、有仁爱之心）素养，同时使自己的教育人生具有鲜明的教学风格：要么亲切自然、要么稳中求变、要么激情洋溢、要么诙谐幽默，凡此种种需立行立言、卓尔不凡。本文略谈的主题在于自身教学风格形成与凝练的粗浅感悟，旨在抛砖引玉、引起共鸣。

教学风格是教师在整个教学过程中反映出来的独特且相对成熟的教学技巧与作风，是具有差异性、创造性和稳定性的教学风貌，是经过长期教学实践、反思提炼、自然形成的教师必备品格与关键能力。

1. 教学风格的形成与发展

教学风格的形成是一项系统工程，其形成大致经历三个阶段：一是初期博采众长的教学尝试与模仿阶段，二是中期教学特色形成与提炼阶段，三是后期教学风格相对成熟与完善阶段。教学风格的发展还应秉承如下特色：保持严格而不苛求的教学态度，采用活泼而不散漫的教学方式，构建有序而不杂乱的知识框架，驾驭幽默而不庸俗的学科语言，展现严谨而不呆板的板书设计。值得一提的是，课堂教学中，结构严谨的板书和板图彰显学科特色，切不可使其在信息技术背景下的现代教学中缺位。

2. 名师教学风格磨砺与提升

名师之所以成名，主要在于经过若干年的教学研究和积累，形成了个性化的卓有成效的教学风格。名师成长需要长期加强基本功修炼：第一，倡导广泛阅读。终身学习是时代赋予我们的使命，名师的专业发展需要持之以恒、科学系统地阅读。第二，呼吁用心倾听。名师要以"海纳百川，有容乃大"的胸怀去聆听学生、家长、同行、专家、社会的不同声音。只有这样，学生才会被"唤醒""激活"。第三，注重博采众长。名师切忌"闭门造车""孤军作战"，急需整合教育群体的优势资源，及时吸收"我师群贤"的精华，进而开阔视野、提升素质。第四，勇于实践探索。教师成长关键在于将所读、所听、所行、所看、所想落实于日常教学活动、与时俱进。从某种意义而言，行万里路胜过读万卷书，如今研学旅行方兴未艾，"做"与"行"是名师必备的核心要素。第五，主动反思总结。教师应具备反思习惯与技能。通过反思总结撰文来实现经验提升、理论构建，形成独特、深邃的教学思想、发展理念，实现从实践到理论的升华，从教师到名师、从名师到名家的飞跃。

欲成为名师，就必须将"四有"（有想法、有做法、有说法、有写法）落地生根，深入研究名师所蕴含的良好特质。从个体条件、地区差异、学生特点出发，有选择地学习适合自身发展的名师流派，竭力使自己成为一名教学风格鲜明、卓尔不凡的优秀地理教师。

（本文为刊首语，发表于《中学地理教学参考》2019年第10期）

例文三：寓"学"于"行"

论文导读：教育的目的在于培养适应并创造未来的社会主义事业接班人，学以致用、体现学科实践力是现代教育必不可少的素养指标。目前，地理实践力培养已成为学科核心素养落地生根的重要途径，被摆上了议事日程，研学旅行是实现这一目标的主要通道。本文从"学"与"行"的辩证关系切入，简要阐明了地理研学旅行的作用、现状与发展策略。

"读万卷书，行万里路。"研学旅行已逐渐成为中小学教育的一道美丽的风景线。它是一门学游结合、知行统一、内容鲜活、形式新颖、主体多元、评价独立的课程，也是一种由教育主管部门和学校有计划组织安排的，通过集体旅行、集中食宿方式开展的研究性学习与旅行体验相结合的校外创新教育活动。

1. 研学旅行是特殊的学习方式

相对于常态课堂而言，研学旅行之"学"具有目的性、趣味性、实践性。"行"是方式，"学"是目的，二者紧密结合，主要宗旨在于培养学生的实践能力。因此，研学旅行必须强调学行并重。与传统学习相比，它具有更浓的趣味性，可以激趣启思、寓教于乐。"纸上得来终觉浅，绝知此事要躬行。"研学旅行注重对学生学以致用，解决实际问题能力的培育。研学旅行是一种与众不同的旅游形式，并非"旅行+"。研学旅行之"行"突出表象性、知识性、安全性。研学旅行，"行"是表象，"学"是本质，与随意性大的民间旅游截然不同。研学旅行中的"行"更注重知识获取，且大多建立在真实、典型的情境之上。学生通过体验式学习，大量获得课堂相对缺乏的鲜活知识。此外，研学旅行之"行"还必须确保安全出行，安全至上。

2. 研学旅行是独特的育人途径

开展研学旅行，有利于推动全面实施素质教育，践行社会主义核心价值观，培养具有文明品格、家国情怀、国际视野、实践能力的未来创新人才。打通课本知识的研学旅行，是对学生进行生命、生存、生活教育的直接途径。于自己成长过程中用旅行方式来学习，对外读懂世界，对内反思自我，不囿于教材，不桎于课堂，立足游学，以开放的姿态为学子们提供全方位的"学习场",让每个人真正放松心情、亲近自然、走向社会、体验生活、丰富知识,增强自信、磨炼意志,融入集体、感受团队,坚定目标、持续进步。生命的能量在脚下,生态的课堂在路上。研学旅行继承和发展了我国传统游学的精华,其教育理念和人文精神已成为当今综合教育的精髓,对提升学生自理技能、道德水准、关键能力意义非凡。

3. 研学旅行浅表化,尚显美中不足

近年来,全国各地积极探索开展研学旅行活动,正逢大有可为的发展机遇期。部分试点地区成效显著,对促进学生健康成长起到了重要作用,积累了有益经验,但目前处于起步阶段的研学旅行还很不成熟。思想认识不到位、协调机制不完善、经费筹集不顺畅、责任机制不健全、安全保障不到位等问题仍然存在。"旅行不耽误学习吗""谁来照顾我""家长可放心""打开网络观天下,何必劳神又费力"等质疑也屡见不鲜。学科导向问题尤为严重。其一,课程素养目标不明确,许多研学活动教育主题模糊,有违学生身心健康,育人效果较差。其二,研学设计过于浅显,问题梯度不够,逻辑思维含量较低。其三,研学活动组织形式单一,缺乏校内外、学科间整体性设计和统筹协调。

4. 研学旅行稳健发展需砥砺奋进

如何深入开展研学旅行?学校、家庭、管理部门必须三思而行,加强政策导向、建立安保机制、探索经费来源、注重协调配合、尝试先行试点、发挥育人功能,凸显学科、认真备课、精心组织、全程参与、科学评价。从突出的问题出发,积极构建主题,引领研学旅行,增强学生创新精神、提高实践水平;不断充实研学旅行,拓展现实所需与未来必备内容,有的放矢。研学旅行过程中,我们奉行"学""行"结合。现代教育家陶行知主张"生活即教育""社会即学校""教学做合一"。研学旅行就是要让学生在"行"中"学",在"行"中"做"。深入研究改善学校考评机制,在充分尊重学生个性、鼓励全面发展的前提下,对研学旅行的过程与结果综合评价,并将它逐步纳入学生学分管理、素质考查体系之中。研学旅行是学校教育的拓展与创新,在实践中只有充分体现"学""行"特质与关系,才能使研学旅行真正达到培养学生学科核心素养的理想目标。研学旅行的课堂在设计、在创新、在路上、在延伸,我们仍需坚定信念,砥砺前行。

（本文为刊首语,发表于《地理教育》2020年第8期）

例文四：深化地理教学改革　打造学本卓越课堂

论文导读：教学改革是教育领域历久弥新的课题，发展历史源远流长。从教本到学本，从传统到现代，从一般到卓越，对广大教师而言，这是一个坚持不懈、艰苦卓绝、由量变到质变的探究过程。本文作者曾参加省市名师培训而得到更多学习与思考的机会，深感只有精心打造学本卓越课堂，促使教学产生蜕变，插上理想的翅膀，才能创造一流的教育成就。

从教 30 余年，从未离开过教学一线，深知自己肩上的责任。教学改革的根本目的就是实现学习者的真正"解放"。学校之美，美在课堂；课堂之美，美在学生。中国教学改革经历了"教学型、导学型、学本型"三个阶段，目前正在向"学本型"发展，其基本方向是走向自主、合作、探究的学习。于是我在教学过程中，设法找出一种教育方法，使教师因此可以少教，但是学生可以多学；使学校可以因此少些喧嚣、厌恶和无益的劳苦，独具闲暇、快乐及坚实的进步。怎样真正把课堂还给学生？如何营造自学、互学、评学的学本卓越课堂，逐步实现学科核心素养落地生根、开花结果的理想？这是当下应该突破的教学瓶颈。

（1）落实"自学"。是指学生在教师适当辅导之下，带着明确的学习目的与任务，通过阅读思考初步感知教材的思维过程，它是学本课堂的教学起点。为提高效率，常常以导学案呈现学习"问题"，关键是必须切实做好主问题设计，引导学生学习逼近知识的"核心地带"，以实现"学习的突破"。为此，我们必须认真备课，在导学技巧上多下功夫，做到导学问题化、问题思维化、思维品质化。

（2）加强"互学"。互学即合作学习、小组探究学习，主要作用在于解决学生自学过程中遇到的疑难，分享思维过程。通过合作补充擦亮学生的盲点；通过合作纠错引导学生走出误区；通过合作总结把学生的弱项变强。需要改进的问题是：小组合作学习流于形式，课堂无深度互学之质，综合思维过程分享薄弱。

（3）提升"评学"。评学又名"评判式学习"，是学本课堂的核心环节，主要作用在于激活课堂，提高教学质量。评学方式多种多样，主要包括提问式评学、补充式评学、质疑式评学和辩论式评学四种类型。目前，评学表现出的主要问题是教师单边评学多，师生双向评学少；优生评学多，学困生评学少；正确答案展示多，错误归因分析少；知识结果评述多，思维过程探究少。教师务必瞄准学生评学盲区，及时介入，强化指导，让优等生出彩、中等生过关、学困生进步。

诚然，学本式课堂改革模式，关键是问题导学，主要包括问题生成、问题讨论、问题展示、问题训练、问题拓展五个环节，通过师生有效的合作学习与交流，最终让学生学会学习，使课堂呈现崭新的教学生态与生命活力。然而传统教学习惯积重难返，在日常听评课活动中"放不开、舍不得、争主角"的教本先生屡见不鲜，可见，学本教学推进任重而道远。

我的课堂教学一般具有内容充实、重点突出、逻辑严密、注重思维、问题导学、以学定教、稳中求变的特点。例如，在执教"工业区位与产业转移"这节高三复习课时，选择了"问题探究"教学法，主要教学程序如下：①情境导入（播放视频：佛山陶瓷工业简介，引人入胜）；②知识预查（基础回归，教学铺垫，自学检测）；③深入探究（分析佛山陶瓷工业的区位与变化，互学探究）；④解决问题（探讨佛山陶瓷工业未来：实施产业转移、发展总部经济，评学拓展）。每一个教学环节，力求根据学生需求引导他们拾级而上，逐步理解学科素养的本质、综合思维的规律、地理实践的技能。但在日常教学中也存在美中不足之处，主要表现在自学打折扣、互学不积极、评学难深入。为此，学本卓越课堂的打造尚需师生勠力同心、不懈坚守、砥砺前行。

名师之所以成名，是因为他们经过若干年的理论学习、实践研究，形成了个性化的、卓有成效的教学风格，并且真正践行了"一切为了学生的发展"的教育理想。本人认为地理名师必须与时俱进、科学发展，为此必须加强以下几项基本功的修炼：①广泛阅读。教师的专业成长需要持之以恒地阅读。②用心倾听。名师要以"海纳百川，有容乃大"的胸怀去聆听学生、家长、同行的不同声音，扬长避短、言传身教、滋润学生。③博采众长。名师需要吸收"我师群贤"之精华，从而开阔教师专业视野、提升学科核心素养。④勇于探索。"做"是名师所具有的核心竞争力，名师的水平就表现在"做"的效率与效果上。⑤主动反思。美国心理学家波斯纳曾提出教师的成长公式：经验+反思=成长。反思是进步的阶梯，教师要有反思的习惯与悟性。通过深刻反思实现经验总结、理论建构、教学改革，进而实现从教师到名师、从名师到名家的飞跃。

（本文为刊首语，发表于《地理教育》2019年第11期）

例文五：做一个有思想品位与文化素养的地理教师

论文导读："师者，所以传道受业解惑也。"现代教师必须以教书育人、"立德树人"为己任。学高为师，身正为范，言传身教，率先垂范。所以，拥有理想情怀、师德修养的教师，首先必须立志做一个有思想品位与文化素养的优秀教师。

"师者，所以传道受业解惑也。"可见，从古至今，做一个具有良好思想品位与文化素养的教师便是教育工作者践行师道的不懈追求。

思想品位对地理教师而言主要指师德，德高为师。要拥有高尚的师德，首先，应做到依法执教、教书育人、爱岗敬业。"以身立教，为人师表"，我们崇尚以自身非凡的人格魅力教化学生，从某种意义上讲，有什么样的教师就有什么样的学生。佛教认为：一个有修养的人必须具备四心；即"慈爱之心、敬畏之心、感恩之心、宽容之心"，其中"慈爱之心"排在首位，热爱教育、关爱学校、友爱学生便是教师的根本。苏霍姆林斯基说："教育是人与人心灵上的最微妙的相互接触。"教师发自内心的真爱是任何教科书、道德箴言、奖惩措施都无法代替的教育力量，对学生成长具有春风化雨、润物无声的作用。其次，教师必须具有教学激情与创造精神，教师思维要有足够的敏锐性，灵感火花的迸发能带来意想不到的创新与突破。优秀教师应充满激情梦想，拥有一种创造与突围的欲望，只要这样，才能打破思维定式与传统习惯，获得不断发展。最后，调整心态，学会在"诗意教师"生活中沉静下来。教师是一种平凡职业，需要埋头苦干、默默奉献，抱着一颗平和的心态对待教学工作中的人和事。在物欲横流的社会，也许不少教师的心情难以平静，但作为人类灵魂的工程师，务必志存高远、超越世俗，面对可爱的学生，自觉践行"淡泊以明志，宁静而致远"的人生理念。

文化素养对地理教师而言主要指才学，学高为师，"学"即具有扎实的学科专业知识和较强的科研能力。这就要求我们更新观念、刻苦钻研、拓展知识，成为颇具学养的教师。举手投足、一言一行中无不流露出灵秀的才气、卓尔不凡的魅力，厚积薄发，依靠自身扎实功力让学生心悦诚服，潜移默化地影响一代又一代的莘莘学子。为此，现代地理教师必须坚持做到以下四点：①夯实基础、学有所长。地理学科综合性极强，作为教者必须拥有足够的文理知识容量与扎实的专业功底，否则课堂就会缺少源头活水，难以游刃有余。②因材施教、善于管理。成熟的地理教师既能运用先进的教学技法为培养学生的学科核心素养实施深度教学，又能卓有成效地开展教育科研管理工作。作为地理名师，必定是学校层面的骨干、班级管理的标兵、科组教研的导师，具有自己独特的教学风格与育人模式。③积极反思、终身学习。研究型反思是进步的阶梯与捷径，众多成长迅速的教师无一不是以反思为利器，拨乱反正、披荆斩棘、勇往直前。反思需要鼓足勇气、克服惰性、剖析自我、痛定思痛。反思难能可贵之处在于扬长避短、学习提升，在知识信息爆炸的今天，教师只有终身学习，才能与时俱进、高瞻远瞩，才能适应新的教育改革，与学生共同成长。当然，教师的学习首先应该大量阅读专业书籍，在思考感悟中获得新知；其次要阅读非专业方面的书籍，做到兼收并蓄、与时俱进。只有这样，才能不断满足学生的求知欲望，在教育教学中得心应手、左右逢源。④潜心研究、勤于笔耕。教育部基础教育司组织编写的《走进新课程》中说："不进行教育研究的教师，也不可能品尝到教师的乐趣，并成为真正出色的教师。"这就要求教师角色必须从"教书匠"转变为"研究者"，学会阅读思考、实践反思、写作研究。"读书是走别人的思想路线，而写作才是走自己的思想路线，只有经过自己的思想路线，把读书得来的知识消融掉，才会变为自己的东西。"德国哲学家叔本华的论述是多么精辟。作为教师，应养成良好的写作习惯，善于撰写教育随笔、教研论文，以展示教科研成果，扩大社会影响。不少教师由于种种原因疏于笔耕，导致职称与名师评审等工作陷入困境，其教训自然深刻。为此，我要大声呼吁：心动固然重要，但行动最为关键，赶快行动起来吧！只有及时把握机遇，才能不断走向成功！

　　大凡优秀教师，一定具有与众不同的地方。他们多才多艺、个性张扬、充满爱心和激情，用自己高尚的人格魅力、深厚的文化底蕴、高超的教育技巧哺育着一代又一代栋梁之材！

　　诚然，每个人在成长道路上，命运有可能安排你像纤夫一样负重前行，但只要你咬紧牙关，迈出坚定的步伐，美好的收获季节就会到来。

　　　　（本文根据2016年学校开放日"正心成人"名师大讲堂上的发言稿整理而成）

例文六：我的教学风格是怎样形成的

论文导读：教学风格是教师教学个性与气质的集中体现，也是教师人格的缩影，其形成与提炼也是教师日益成长壮大、走向成熟的见证。每个教师都应该形成自己的教学风格，名师尤有必要。本人有幸参加学校举办的名师教学风格论坛，于是结合自己多年教学体验撰文，从教学模仿、初步形成、日趋成熟三个阶段加以阐述，力求对教育同人有所启示。

"我崇拜您引领我们'图上旅游'、挥洒自如的教学方法；也欣赏您设计的'今日看世界''军情观察室'等栏目的精彩插播；更感谢您心系学生、循序渐进、培优扶弱、诲人不倦，不让每一个人掉队的敬业精神！"

"您的教学总是那么充实高效、有条不紊、朴实无华，讲授时娓娓道来，如数家珍，能让一些深奥的地理知识变得通俗易懂，几笔随意的图画、几行简洁的板书往往就是您课堂精华的浓缩。也许这就是您'化腐朽为神奇'的魅力所在。"

每当我看到学生们的肺腑之言，一种身为人师的幸福感便油然而生。教学风格是教师在整个教学过程中反映出来的独特的教学技巧和教学作风，具有个性化、创造性和稳定性的特征。几年前如果有人问我：你的教学风格是什么？我可能难以立即答出，而这两位2011届学生给我的留言使我豁然开朗。学生的赞许既是对我工作的肯定，也是对我的鞭策。我的地理课堂没有太多精美的课件映衬，我也不喜欢花哨的装饰形式。"稳中求变、追求卓越"是我的风格；一支粉笔、几笔图画、潇洒自如的板书、富有吸引力的讲授，是我与学生课堂沟通的利器。

教学风格的锤炼需要教师不懈的追求。1962年，我出生在洞庭湖区资江北岸的一个贫困农民家庭。1969年，我上小学，40余人复式班的教学任务全部落在一位中年女教师的肩上；而两年的初中生涯给我印象最深的一是参加学农劳动，二是赶写学习心得。1976年秋，我以候补生的身份上了村办高中，每天要步行10多公里的羊肠小道，蹚过一条凶险的河流，早出晚归，风雨无阻。1979年，我高考发挥失常，只考上益阳师范学校。两年后，我正式成了一名公办教师。初为人师，处境艰难，为了摆脱困境，我毫不犹豫地选择了自学发展的道路。通过成人自学考试，我顺利完成了专科与本科的学历教育。

作为一个地道的农民儿子，我最懂得教师工作的荣誉、责任与使命；也深知，只有具备真才实学与稳健成熟的教学技能，才能更好地服务于学生的发展。因此，我不断提升教学素养，立志做一名深受学生欢迎的教师。

30年来，我风雨兼程，披荆斩棘，实现了从小学到高中、从乡村到都市、从普通教师到首席教师的三次飞跃。坎坷的求学经历和奋斗历程使我养成了一种坚忍不拔、锲而不舍、稳健求实的性格，为孕育和形成我的教学风格奠定了精神基础。

我的教学风格的形成大致经历了三个阶段：最初10年，是博采众长的教育教学模仿阶段；第二个10年，是教学风格初见端倪的阶段；最近10年，是教育教学风格相对成熟的阶段。

1. 博采众长的教育教学模仿阶段

1981年，我从师范学校毕业，开始从事教育工作。当地的名师是我崇拜与学习的对象，特级教师吴霞的"语文情境教学法"深深地吸引着我。一次，我在全区上小学语文公开课，我选择了方志敏的《就义诗》为主讲内容，采取情境教学法，声情并茂的配乐朗诵、绘声绘色的刑场环境渲染，辅之以方志敏为主题的宣传画，让学生与听课教师如临其境，感同身受。我的课一炮打响，受到普遍赞誉。20世纪80年代末，由于高考取消地理科目，我依旧从事语文教学。出于对益阳县（今益阳市）一中刘建奇老师的敬慕，我竭力模仿他"潇洒自如，有所突破"的教学风格，他像播音员一般的嗓音、评书名家一样的讲课风格是那么引人入胜；他对教材关键处独具匠心的处理，让人耳目一新、回味无穷。至今，我还记得他有关教学要领的指导：首先，教师要练好基本功，规范的语言表达与扎实的专业功底至关重要；其次，教学要有相对成熟的特色与个性，只有这样的教学，才能经得起各种考验。后来，我在语文教学中如法炮制，既重视基础知识的落实，又突出对教材的个性化处理。我的课堂教学开始被同行认可、受学生欢迎。

虽然观摩名师课堂使我受益匪浅，学习名师的论著使我认识提升，但这只是相对简单的第一步。模仿只能解决"对照别人看自己"的问题。那么，教学由模仿进入良性发展之后，我们又该怎样继续走下去呢？

2. 教学风格初见端倪的阶段

20世纪90年代，是我教学生涯的艰难岁月，也是我教学风格初见端倪的阶段。90年代初，各种教育教学思想十分活跃，"快乐教育""成功教育""创造教育"等教育思想和模式令人眼花缭乱。中小学的课堂教学开始出现"热闹不扎实""花哨但低效"等误区。基于对基础教育简单而朴实的基本认识，我告诫自己，不能跟风，要深化自己对课堂教学的认识和理解，必须探索属于自己独特风格的教学之路。

在此期间，我任益阳市财贸职业中专学校经济地理教师职务，兼教部分其他文科课程。在这10年中，我自感教学困惑更多、压力更大。为了教好经济地理这门课程，我坚持不懈地学习，积极参加湖南师范大学的地理本科函授，向书本学，更新知识；向名师学，提高技艺。当年资深的地理学科前辈李景文、戴家文老师成了我的"活字典"。从大学地理教材到中专的经济地理教材以及教法，我都认真钻研，绝不马虎。十余年间，我留下了近百万字的读书笔记、听课日志、习题解析、备课教案、资料汇编、教学反思、教研论文等。

在课堂教学实践上，我开始大胆尝试和践行自己的教学理念。对我而言，教学的"稳定"是基调，是我教学风格形成的关键一步。在开始几年的中国经济地理课堂教学中，我摸索了一套属于自己的教学模式——读读、讲讲、议议、练练。从人文地理方面切入，牢牢抓住某一区域的地理位置、经济特征、农业生产、工业布局、城市交通、商业贸易等要素深入探究，引导学生循序渐进，落实基础，提升能力，教学效果不错。随后，我的教学足迹慢慢跨出校园，受到附近兼课学校的好评。1995年，随着教育改革的深化，我开始深刻反思自己的教学方式。我深感传统课堂教学方式的单调，于是尝试创新教学思路与方法，力争在教学中渗透激趣启思的教学元素，将经典的经济地理案例与时事热点恰到好处地贯穿到日常教学中，学生学习兴趣盎然，思维活跃，成绩跃升。同行普遍认为，我的课堂教学既能保证"双基"的落实，又能独具匠心、引人入胜。此时，我的教学足迹也有了更大的拓展。从实践中我进一步看到了教改的希望，干劲倍增，教学创新的步伐也日益加快。例如，我的"图导图学图练"教学模式、"碎步启发教学"和开发地理第二课堂等便是孕育我的教学风格的载体和路径。经过多年的教学实践与反思，我的教学风格逐步生成。

3. 教育教学风格日趋成熟的阶段

最近10年，是我的教育教学风格日趋成熟的阶段。2000年至今，我一直就职于广东佛山南海区桂城中学，其中有9年从事高三教学。经过后期的教学磨砺，在严谨务实、稳健创新的精神指引下，"稳中求变，追求卓越"的教学风格进一步走向成熟。其重要标志是，我可以把这种风格渗透进新课程改革所提倡的研究性教学、自主探究性教学、分层差异性教学、教学案一体化教学等方面，且成效显著。为贯彻我校"精益教学、正心成人"的宗旨，我主持了佛山市有关如何构建中学高效课堂的一个子课题，课题研究成效显著。基于前20年的积累，我进一步要求我的课堂教学具有下述特点：内容充实，重点突出，逻辑严密，脉络清晰，教学语言简洁明快，课堂设计稳中求变。例如，在"问题探究"的教学中，我大多设计几个简要的教学环节：①情境导入；②深入探究；③解决问题。

　　2011年，我在南海区上了一节名师展示课："工业区位与产业转移"。这是一节高三复习课。"工业区位与产业转移"既是教学的重点和难点，又是高考的高频考点。我对这节课做了精心设计：首先，明确课程标准与考纲要求，制定教学目标："理解各种工业区位对工业生产的影响、各种工业区位的合理选择、产业转移的原因及其对地理环境的影响"，把学科目标和培养学生的科学发展观有机结合起来。其次，针对当年高考命题的关注点，进行"考向预测"，进而给学生明确重难点、复习策略，并辅之以学法指导。这种整体设计是我"稳"的风格的体现。我的整个教学过程就是紧紧围绕上述目标而有序展开的。在这节课中，"产业转移"原本属于另一册教材的内容，但我在第一轮复习时，即大胆打破教材的编排顺序：以"区位变化"为线索，将"区位选择"与"产业转移"进行大跨度整合，结合佛山特点，给出背景材料，提出转产的现实问题，组织学生以探究式学习的方法，讨论出结论；归纳出区域产业转移的必然性、必要性和途径。最后，以"佛山产业发展新思路"为题，激励学生进行课外拓展，开展社会调查，撰写相关论文。这是我"变"的风格的体现。由此可见，我的"稳"主要体现在对教学目标的全面把握和对课堂教学的有效驾驭等方面，如理解教材内容、确定三维目标、实施常规教学；"变"则蕴藏于对教材的微妙处理、教法的精心选择方面，如整合教材、案例教学、合作探究等。这就是我所追求的"稳中求变，追求卓越"的教学风格。

　　近年来，我有幸得到安文铸教授的悉心指导，在教学与研究方面均有长足的进步，教学风格也日趋成熟。正如安教授的点评："所谓'稳'，是指不管哪个学科的教学都有它基本不变的因素，如基础知识和基本技能，这些要'稳得住'，要把握准确的尺度，重在继承；所谓'变'，是指学科教学从内容到教学方法、手段，都要与时俱进，体现时代性，不能保守和故步自封。无论教学怎样改革，衡量其是否正确的唯一尺度是学生的学习质量，教师在教学质量上务必'追求卓越'。"近10年来，我所执教过的班级和学生都创造了许多学习奇迹，不仅培养出了地理高考状元，而且班级的考试成绩连续多年在南海区乃至佛山市名列前茅。由于教学成绩突出，我相继被评为佛山市名师、佛山市学科带头人；2011年，学校为我举办了面向佛山市的"熊星灿老师教学风格研讨会"，同时出版了《教苑撷英》个人论文集；2012年，通过多层严格筛选、评审，我被聘为南海区首席教师。

　　"路曼曼其修远兮，吾将上下而求索。"已届知天命之年的我，仍将满怀青春的激情，在教育教学这片热土上继续耕耘、继续锤炼自己的教学风格，做一名平凡而卓越的人民教师。

（本文发表于《中小学管理》2012年第8期）

例文七：浅谈教师核心素养培育的基本途径

论文导读："核心素养"是人们设法解决现实复杂问题和适应不可预测情境的必备知识与关键能力。近年来，"立德树人"、培育学生核心素养已成为学校教育工作的头等大事，并在学科教学中逐步展开、方兴未艾。只有亲其师，才能信其道，然而，老师又应具备怎样的核心素养呢？这是一个相对陌生而又十分重要的课题，作者从习近平总书记对教师"四有"期望出发，准确把握现代教师发展的主旋律，简明扼要地阐述了教师核心素养的内涵与培育途径。

"核心素养"是人们适应信息、知识社会和全球化时代的需要，去解决复杂问题和适应不可预测情境的必备品格与关键能力。核心素养内涵丰富，可以渗透到各行各业、各个层面，其中教育核心素养至关重要。百年大计，教育为本，教育是民族振兴、社会进步的基石，是功在当代、利在千秋的德政工程，对提高公民综合素质、促进人的全面发展、增强全社会创新活力、实现中华民族伟大复兴具有决定性意义。教育的主体是学生、客体是教师，通过教师主导、学生主体的和谐生态课堂，培养适应并创造未来的后备人才是教育的宗旨所在。众所周知，目前我们对学生核心素养的培养十分重视，正在每一个学科教学中全面展开，方兴未艾。尽管教育是一种师生互动的双边活动，但教师在整个教学过程中具有大脑机制与指挥功能，学生主体作用的发挥必须以教师导学为前提，学生核心素养的培育必须以教师核心素养为条件，通过优秀教师的智慧教学去实现。何谓教师的核心素养？习近平总书记提倡的"四有"教师就是对教师核心素养的精辟诠释，集中反映在教师思想品格与业务能力上。教师的核心素养主要包括教书育人的必备品格与关键能力，教师必备品格主要体现在以理想情怀为内涵的师德方面，教师的关键能力主要是指学识水平、教育能力。

随着社会各界对教师队伍的关注度持续攀升，如何更好地发挥教师主体作用，使教师真正成为教育改革与发展的实践者、推动者和引领者，需要我们对新一轮教师队伍建设进行战略思考和整体设计。我们必须通过教育管理自身职能转变，把握教师队伍建设的前瞻性要求和发展性趋向，助推高质量专业化创新型教师队伍的建设与发展。俄国作家车尔尼雪夫斯基有句名言："要把学生造就成一种什么人，自己就应当是什么人。"在深化课程改革的时代背景下，学生核心素养已成为当下及未来教育教学改革的热点，与其相应的教师核心素养问题随之而来。要给学生一杯水，教师必须拥有一桶水。欲培养学生的学科素养，教师应具备更高的素养，因此教师核心素养的培养必须摆在当今素质教育、智慧教育的议事日程之上，并落地生根。从基础教育发展对教师的需求来看，教师核心素养主要可以从以下三个维度来强化与培育。

1. 实践体验：切实丰富教育理想情怀

教育需要理想，教育理想是指对未来教育图景和目标的设想与期望，教育理想是教师在教育生涯中对事业目标的不懈追求。教师应该胸怀理想，有理想的教师应该是一个追求卓越、富有创新精神的教师。教育家和教书匠的最大区别就在于是否有一种追求卓越的精神和创新的精神，教育家应该是一个不断探索、不断创新、对教育有心的人，他们不断地追求成功，设计成功，更重要的是撞击成功。教育情怀是教师对教育事业的一种深沉持久、难以割舍的感情，教育需要激情，激情让教育显示出无穷的生命力；教育需要诗意，诗意让教育洋溢着浪漫主义情怀；教育需要精心培育而不是一味管教；教育需要对事业的无私奉献、对学生和学校的真情实感。这种感情源自对教育发自内心的深爱，有爱的教育才是真正的教育，有理想情怀的教育才是教育的最高境界。

拥有教育理想情怀的教师是高尚的，他们有自己对教育的独特感受和理解，会在教育过程中教书育人、全力以赴。教育情怀往往包含塑造人、培养人的使命感，主要指教育视野、理想信念、精神气质等。德国教育家雅斯贝尔斯说过："教育的本质意味着，一棵树摇动另一棵树，一朵云推动另一朵云，一个灵魂唤醒另一个灵魂。"所以，真正的教育不是知识灌输，不是绝对服从，而是唤醒懵懂，激励上进，点燃希望。相信自己，用崇高的理想成就教育的高度；相信学生，用独特的情怀创造教育的奇迹。理想情怀是当前教师必须特别关注、对教师长远发展至关重要的素养内涵，也是教师师德修养的基本底色，仁义礼智信、温良恭俭让、忠孝悌慎廉、勤正刚直勇无不包含其中。它将随社会发展及人生实践的深入变得更加丰富多彩。

如何丰富教师的理想情怀，提高师德修养？我们必须从教师教育实践与体验上下功夫，让他们在真实的教学情境中深切感受教育的真善美。实践出真知，实践是主观见之于客观，包含客观对于主观的必然及主观对于客观的必然，是人们能动地改造和探索现实世界一切客观物质的社会性活动。实践具有客观性、能动性和社会历史性的基本特征。只有在实践中，我们才能学会如何做教师，如何做一名优秀的教师。体验是指通过实践来认识事物、获得经验的感知过程，它至少应包括两个层面，即行为体验与内心体验，二者相互联系、相互影响。一般体验活动会在大脑中留下深刻的印象，参与者可以随时回想亲身感受过的生命历程，也因此对未来有所预感。只有通过自身实践与体验，教师的理想情怀才能不断丰富。

从认知、品格发展规律而言，教师理想情怀的养成也可以从自身"知""情""意""信""行"五个方面努力。所谓"知"，即道德认识，是人们对于客观存在的道德关系以及处理这种关系的道德原则规范的认识，包括道德概念的形成和道德判断力的提高。确立正确的道德认识，是加强道德修养的前提。所谓"情"，即道德情感，是人们对现实生活中的道德关系和行为所产生的情绪反应，在"知"的基础上产生，并直接影响人的行为取向。所谓"意"，即道德意志，是人们在履行道德义务中，自觉克服一切困难而做出的不懈努力与坚持精神。所谓"信"，即道德信念，是人们对某一道德的真诚信服及强烈的责任感。"信"是道德修养的核心。所谓"行"，即习惯化了的道德行为，人们自觉遵守道德原则和日常行为规范。"行"是道德修养的归宿。道德修养内涵十分广泛而深刻，包括怎样做一个忠诚的爱国主义者，乐于奉献的集体主义者，有理想的社会主义建设者，中华民族优秀传统的继承者，遵守社会公德、家庭美德、职业道德的合格公民。在教育教学实践中应牢牢把握教师精神、气质，情感、态度，智慧、能力，心理、境界的修炼，不断提高教师的思想品质。

教师的理想情怀、师德修养可以通过外部的教育管理来强化。作为相关教育主管部门，既要对教师队伍建设进行整体规划，又要关注教师作为个体的发展情况。例如，尊重教师差异，因势利导设立教师工作室，采取导师跟岗的研修方式，通过专家引领、专题研究、专业阅读，帮助教师形成自己的班主任与教学风格，打造个人教育品牌；成立青年教师成长共同体，以"了解自我、改变自我、成就自我、超越自我"为核心价值理念，引领教师制定切实可行的职业发展规划，激发教师发展的内驱力；通过开展社会实践活动着力提升教师的审美意识、艺术品位、人格魅力、道德情操。学高为师，身正为范，为了给学生做好示范，教师还必须保证自己心理健康、生活快乐、富有情趣、善于调适。社会变革时期不尽如人意之处在所难免，教师需要及时调整自己的心理、管好自己的情绪，让自己成为学生的心灵导师。心理学家提供的几种养成教育方法，值得富有教育理想与情怀的广大教师参考：①在任何场合中，谨记以礼待人，举止温雅。②性格开朗，和蔼可亲，特别是应该具有接受批评和自嘲的勇气。③对别人显示浓厚的兴趣和关心，与人交往时应懂得如何协调好关系。④博览群书，做一个言谈举止温文尔雅的文化人。⑤慷慨大度，具有宰相肚里能撑船的雅量，进而获得别人的欣赏。⑥努力探索诗意教育、不断追求教育真谛、坚决实现教育目标。虽然教师应该拥有执着于教书育人、热爱教育事业的定力，淡泊名利的坚守，但是在经济高速发展，人民生活水平日益提高的今天，教育投入也必须与时俱进，适当向一线教师倾斜，不断提高教师待遇，让广大教师安心从教、热心从教；提高教师的政治地位、社会地位、职业地位，让广大教师享有应有的社会声望；多方努力造就一支忠诚、干净、担当的高素质教师队伍。

2. 学习思考：竭力提高科学文化水平

科学文化水平是学习能力和知识水平的简称。教师应当有丰富而广博的专业知识，具备对学科的深刻理解、与时俱进的学习能力。教师不仅是知识的传递者，而且是解决问题的咨询师、学习活动的帮助者。教师风格各异、个性特点鲜明，但培养好奇心、兴趣爱好、探究品质等需要的技能却是共同的，也是教师作为专业人士教书育人的前提条件。教师专业水平程度如何，直接影响学生的发展。一个优秀的教师应该是一个勤于学习、不断充实自我的教师。教师最重要的任务就是学习，任何一个教育家都不可能离开前代人的教育财富，在一定意义上说，我们是在用我们的时代语言，用我们的生活阅历，同过去的大师们进行心灵沟通，阐释我们对教育的理想。一个知识面不广的教师，很难真正给学生以人格上的感召力，所以教师应该完善自己的知识结构，成为一个探索自然、热爱生活、热爱人类的人，只有拥有这种心境的教师，才能成为学生的良师益友。

提高教师科学文化素养的关键在于坚持不懈地学习积累与思考凝练。学习是指通过阅读、听讲、思考、研究、实践等途径获得知识和技能的过程。教育者首先应该是拥有自发学习兴趣、学习习惯、学习能力的自我成长者，其次才是其他学习者的帮助者、指导者。知识爆炸的年代尤其需要学习，终身学习是当代社会的重要特征，也是教师职业的基本要求，更应该成为自身生活中的一种习惯。丰富自己的经历很重要，也许现实让你不能经历太多事情，所以要博览群书，只有自身知识丰富，才能更好地引导学生。一位真正的好教师，就好比一本"百科全书"，具有丰厚、扎实的专业素养。虽然不要求是学富五车的专家，但最好是满腹经纶的学者。"资之深，则取之左右逢其源。"否则就可能被时代、被学生所淘汰。教师除了向书本学习，更要善于向周边的人学习，教育是一个非常复杂的工作，深受认知科学、脑科学、心理学、教育学等众多学科发展水平制约，虚心向别人学习可以快速成长，成就名师必须锲而不舍、学而不厌。思考是思维的一种探索活动，源于主体对意向信息的加工，对提升科学文化素养有意义重大。思考力则是在思维过程中产生的一种具有积极性和创造性的作用力。思考力首先取决于思考者掌握的关于思考对象的知识量和信息量；思考在作用点上的集中性程度，决定着思考的强度和力度。"学而不思则罔，思而不学则殆"，学习与思考二者相互联系、相互促进；学而不用则废，用而不学则滞；学用必须结合，二者缺一不可。教育科学需要教师不断对自身学习经历和教育教学工作进行反省，做到知行合一、不断改进。师生只有共同学习思考，彼此才能更真实、更紧密地联系，更流畅、更高效地交流，产生心灵共鸣，促进双向发展。

全面促进教师科学文化水平的提高，还需要做好如下工作：一是建立科学的激励机制。积极营造全社会尊师的氛围，让教师切实感受到职业的尊严，让教师职业成为全社会都羡慕、向往的职业。加大建立促进教师专业水平提高机制的力度，全方位提高教师待遇，牢固树立成就教师就是成就学校、成就学生的理念，为教师的成长牵线搭桥。二是建立科学培训学习制度。每次培训学习都让教师带着思考、疑惑、任务去参加，再把收获写成心得感悟，通过交流辐射引领广大教师。积极开展专题、同伴、个体、校本研修活动，促进教师实践、反思、改进、成长，不断提高专业水平与教学效率。三是引领、激励、唤醒教师生命自觉，保持健康心态，培育阳光学生，引导教师读书学习探究、思考，努力达到视野有宽度、知识有厚度、思想有深度的境界。实施发展性动态评价，学校尽可能为每一位教师提供充分展示的机会，让教师分享成果、体验成功，从而实现教师平凡而不平庸的生命价值。与时俱进，努力促进教师专业成长，是时代赋予我们的责任。

3. 探究创新：不断锤炼教育教学技能

教育教学技能主要指教师的教育教学能力、跨学科素养、教育科研能力、组织管理能力、运用现代教育技术手段的能力、自我调控反思创新能力。名师一定要具备高超的课堂教学驾驭能力，高屋建瓴，化繁为简，拨云见日。在他的组织下，课堂不仅仅是学习文化知识的载体，更是了解未知世界、探究科学体系、增长社会阅历的舞台。名师常以解天说地的分析能力、洞若观火的观察能力、聚沙成塔的创造能力，把全体学生引领到探究未知的神秘世界。好教师富有激情，视教学为艺术追求，视上课为精神享受；好教师具有魅力，靠知识与人格吸引影响学生；好教师极富灵性，用智慧启迪智慧，用思想解放思想；好教师勇于创新，追求鲜活灵动的课堂。在他精妙的解读之下，学生如饮甘饴，如沐春风，一路快乐激昂地高歌前行，听他的课不是煎熬，而是一种艺术享受。他的课堂学生总是忘记了下课铃声，课后总是翘首以待他的身影。可见，教师卓越的教育能力是何等重要。

教师教育教学技能的提升需要通过深入探究与不断创新来实现，探究亦称发现学习，是指在学习情境中通过观察、阅读发现问题、收集数据、形成解释、获得答案，并进行交流、检验、探究性学习。一般包括：①提出问题；②建立假设；③设计实验方案；④收集事实与证据；⑤检验假设；⑥合作交流。创新是以新思维、新发明和新描述为特征的一种概念化更新改变过程，创新是人类特有的认识能力和实践能力，是人类主观能动性的高级表现，是推动民族进步和社会发展的不竭动力。创新在经济、技术、社会学以及建筑学等领域的研究中举足轻重。创新必须坚定信心、顽强奋斗、不断进取。

教育教学技能提升具体可以从以下几个方面下功夫：①认真钻研和组织教材。首先深入钻研大纲与教材，明确目的、弄懂知识、把握要点、自我内化；其次找到使教学内容适应学生接受能力、促进学生智力发展、实现教育目的的途径。②深入研究，准确把握学情。分析学生的外部表现，了解他们的个性和心理状态，如思想状况、道德水平、知识基础、兴趣爱好等，有的放矢，长善救失，因材施教。③精心组织教育教学活动。做好组织计划、激趣启思、特情处理、改革创新、总结评比等工作。④不断凝练语言。经常使用普通话教学，力求课堂语言简明扼要、生动活泼，语法规范合乎逻辑，流畅通达，富有感情。⑤积极开展教育教学研究。结合自身工作及时总结经验教训，并使之不断升华，达到理论的高度，通过研究提炼最终形成成果，争做学者型教师，努力提升教师品位。此外，教师教育能力的提高离不开卓有成效的学习培训，为此，必须与时俱进，在教师发展顶层设计上，要有"化整为零"的思想，将以往"统一化、集中式"的培训方式转变为"多元化、小实体"的研修机制，为不同学校、不同发展阶段的教师提供多样化的选择。教育管理部门有必要将决策的话语权交还学校，把参与权、选择权让渡教师，强化"长期合作、专家指导、成长跟踪"模式，从而提高教师研修培训效率。

从古至今，关于教师核心素养的阐述，俯拾即是。从唐代韩愈的"师者，所以传道受业解惑也"，到北宋张载的"为天地立心，为生民立命，为往圣继绝学，为万世开太平"，再到陶行知的"学高为师，身正为范"，其必备品格与关键能力的修炼必须与时俱进，还要注意在"静""实""慢""持"四字上下功夫。静：要营造安静、平静、宁静、沉静的教育氛围，力戒浮躁。静是一种氛围，更是一种心态。实：教育的最大特点是简单性和普适性，朴朴实实、老老实实、踏踏实实。实是一种态度，更是一种品格。慢：不是"慢腾腾、慢悠悠"，而是指改革与发展的节奏。教育是"慢功夫"，所谓"十年树木，百年树人"。慢是一种艺术，更是方法论，欲速则不达。持：坚持持续、持久变革。持是一种意志、一种定力，更是一种境界。为此，我们必须坚持在坚定理想信念上下功夫，在厚植爱国主义情怀上下功夫，在加强品德修养上下功夫，在增长知识见识上下功夫，在培养奋斗精神上下功夫，在增强综合能力上下功夫。不忘初心、坚持不懈、砥砺前行！

参考文献

中华人民共和国教育部.普通高中地理课程标准（2017年版）［S］.北京：人民教育出版社，2018.

例文八：人民教师永远在路上

论文导读：人民教师肩负着"立德树人"的使命，任重而道远。有人把教师比作人梯、渡船、蜡烛、春蚕，但我更喜欢园丁的称号。教师的职业平凡而不平淡、劳心并且劳力、辛苦而又快乐，教师工作是一种建立在理想情怀职业道德基础上的良心活，学而不厌、诲人不倦，这是许多教师的座右铭。一辈子做老师、一辈子学做老师，人民教师永远在路上。

当了40多年的教师，有人说：凭您的资历，教学早已得心应手了。其实不然，我认为对一个优秀教师而言：教学没有最好，只有更好；教学没有终点，只有起点。人民教师应该永远在路上。

教师一生中，教学之路可谓漫漫其修远兮，但在上下求索的征途中必须张弛有度、适时调整、攻坚克难、跨越障碍、持续前行。

自古多少名人志士为理想奋斗，努力践行人生三大境界。年少之时以立志成才、报效祖国、奉献社会为己任，在"昨夜西风凋碧树，独上高楼，望尽天涯路"的情境中扬帆起航；年轻时代为事业执着追求、忘我奋斗，用血汗谱写出自己的心路历程，不禁发出"衣带渐宽终不悔，为伊消得人憔悴"的感叹。而后更是马不停蹄，做到老骥伏枥，壮心不已，他们在"山重水复疑无路"的峥嵘岁月里经受血与火的洗礼，为体验"会当凌绝顶，一览众山小"的人生豪迈而矢志不移、锲而不舍、攻坚克难，最终以酬夙愿、柳暗花明、千峰竞秀、豁然开朗。也许，这就是人们所领悟的人生"三部曲"：看山是山，看水是水；看山不是山，看水不是水；看山还是山，看水还是水。好一个从实证延展到探究，从探究升华到超脱认知的轨迹，自然无异于庭中望月、雾里看花、返璞归真的人生体验。

诚然，教育又何尝不是这样。十年树木，百年树人，教师以立德树人为天职，怎样引导学生从知之到好之，从好之到乐之？教师务必不断提高自身的专业素养与教育技巧，竭力突破教学三境界：从知不知之知走向知知中之不知，进而达到知知之所知的理想境界。努力缩短用知识调度自己、以教师为中心的泡沫课堂时间；大胆跨越用知识调度学生，以知识为中心的所谓务实课堂阶段；积极探索用学生调度知识，以学生为中心的问题导学、自然生成的高效创新课堂。其间需要教师长期艰苦修炼、厚积薄发。正如教育大师叶圣陶先生所期待的那样：真正让学生在自主快乐的学习中获得解放，以培养他们良好的思维品质尤其是创新能力为目标，为孩子的终身发展奠基。

面对教学的三层境界，我们每一个希望有所作为的教育工作者岂能懈怠？只有不断学习、勤于实践、勇于探索、乐于进取，发扬永远在路上的精神，才能与时俱进，不被时代所淘汰，成为追求卓越、务实创新的先锋。然而，难能可贵之处在于第三境界的超越。试想，欲攀高峰谈何容易？说实话，置身于高原固有风险，人们难免出现"高原反应"或"高原现象"，因而安于现状、吃老本混日子的居多。只有极少数敢于挑战、勇攀高峰的强者，才能克服高原反应等诸多困难，突破高原现象的瓶颈，不断发现自我、成就自我、创造自我，最终问鼎，感受"无限风光在险峰""山登绝顶我为峰"的豪迈。

松弛的琴弦弹不出悦耳的乐章，清闲的生活造就不了杰出的人才。有人说：能够到达金字塔顶端的只有两种动物，一是雄鹰，二是蜗牛。可见，即便是一只负重前行的蜗牛，只要它坚持不懈、不折不挠，就一定能踏过平原、攀过高原、登上巅峰。我想，真正有理想的教师，只要他们在教育追梦道路上奋力拼搏，就一定能演绎出美妙绝伦的华彩篇章！

人生教育，教育人生，湖畔桃李，桃李飘香，杏坛岁月，岁月如歌，此时此刻，耳边又回响起十分经典而熟悉的《在路上》的旋律："那一天，我不得已上路，为不安分的心，为自尊的生存，为自我的证明……在路上只为伴着我的人，在路上是我生命的远行……"

第七章

以教育科研为主体

　　教育科研是一种运用科学理论方法，有目的、有计划、有意识地研究教育现象与本质、问题与对策，揭示教育原理与规律，把握教育本质与方针政策的认知活动。教育科研的目的在于探索教育规律、遵循教育规律、践行教育规律，从而促进学生的全面健康发展。

　　教育科研主要包括六大要素，即：研究主体——谁研究；研究客体——研究谁；研究问题——研究什么；研究目的——为什么研究；研究方法——用什么研究；研究条件——怎么研究。教育科研内容主要由基础理论性研究、应用性研究和开发性研究三部分组成。其一，基础理论性研究，又包括纯粹理论性研究，如教育的本质、原理、规律等；经验性理论研究，如教学基本原则与方法、教师素质、名师成长途径的研究等。其二，应用性研究，运用教育基本规律和原理解决现实问题，具有较强的实践性与现实意义。如常规教学模式，新时期班主任心育工作方法与技巧的研究，转变学困生、偏科生的思想，促进尖子生成长，优化课堂问题导学，中青年教师培养研究等。其三，开发性研究，为拓展学科知识、培养关键能力，将相关课题成果经验加以推广普及的研究活动。目的在于把研究成果应用到教育教学实践，以解决具体问题，如关于深化课改、积极推广、激趣引思情境教学法，如何打造练评讲一体化高效课堂研究等。以上三类研究各具特色、侧重有别，互相关联、互相渗透、密不可分。从教育学科研究的整体性而言，三者有机结合、辩证统一：基础理论性研究是应用性研究、开发性研究的依据和指导，应用性研究是对基础理论性研究的实践与验证，开发性研究是应用性研究的细化与拓展，也是基础理论性研究的成果转化与提升。

　　中小学教师长期从事一线教学实践活动，行动力、实证性较强，从事基础理论性研究相对陌生、难度较大，更适合开展应用性研究和开发性研究。研究项目主要包括教学研究、素质教育、教学实践、教育创新、经验交流、学习思考、学以致用、师德育人、信息教学等。随着教育改革的不断深入，"科研兴校""科研强教"已深入人心，我们必须立志成为学者型教师，通过教育科研活动努力提高教育教学质量，大力促进学生核心素养的全面发展。

在日常生活中，我们经常听到这样的声音："名师应该是学者型教师""教师开展教科研活动具有得天独厚的优势"；也有人说，教师的工作是教书育人，主要关注学生考试成绩，其次是思想品德的修炼，何必搞一些看起来高大上，实际上相对虚幻的教育科研。我想，学校的科学发展、师生健康成长切不可一叶障目、随心所欲。实践证明，教育博大精深、源远流长、科学系统，只有教与研紧密结合的教育，才是完美的教育。

那么，教师为什么要进行教育科研呢？我认为主要存在如下理由：是促进教师专业成长的需要。可以说每位老师内心深处都有一个梦想：做一个学生爱戴、家长尊重、社会认可，并拥有相当知名度的好教师。我们怎么才能实现自己的教育理想呢？可以从教师专业成长的四个时期加以分析。

适应期：参加工作初期，教师的主要任务是适应工作（如上课、备课、作业批改、学生谈心等），同时熟悉学校的基本情况（如作息制度、生源情况、备课组情况、教师情况等），学会与同伴和谐相处、愉快合作。其成长的主要动力是教师入职的好奇、热情以及学校管理的压力（如教案、作业、考试，听评课，各种材料的撰写，学生成绩的评比等）。这个时期的长短取决于教师就职前所受到的教育以及个人的基本素质，一般是1~3年。

成长期：教师们会在以下几个方面获得比较明显的进步。进一步熟悉教材，边教边学，其主要成果是对教材内容的"学科式"掌握；较好地掌握教材教法，通过模仿学习，能够熟练控制、有效驾驭课堂，但主要是停留在"怎么做"的层面；开始学会关注学生、考虑学生的需求，初步形成教学必须以学生为主体的观念，但认知并不深刻，缺乏理性思维。这一阶段的教师充满激情与活力，渴望领导和同伴的认可，特别渴望通过学生的考试成绩来证明自己的教学水平。这一时期的长短由教师所在学校的整体教育教学管理水平，教师个人悟性与自身努力程度来决定，一般是6~10年。

高原期：一个教师如果出现以下现象，则意味着可能进入高原期。理想情怀、工作热情明显下降，缺乏与时俱进、学而不厌的精神，觉得经过多年奋斗已经赶上同伴的步伐，教学效果能保持中等水平就心满意足，安于现状，有所懈怠；或者说工作状态长期没有变化，早已习惯因循守旧、得过且过，偶尔有一些新的尝试也难见成效，因此灰心丧气、随波逐流。在高原期，教师往往具有自闭性，大多执迷不悟，虽然他们承认自己存在不足，但要超越现实太难，非常人所至，从此畏葸不前，导致许多教师无法走出困境，名师发展之路半途而废。那么，如何走出高原期困境？关键在于树立崇高教育理想，不断加强理论学习，积极开展教育科研。只有这样，才能产生教学研究的兴趣，生活和工作才能突破原有格局，并逐步推进，有所作为。

成熟期：又称专业成长发展持续期。主要通过下列方式和途径提升教师素养，打造名师团队：认真阅读、开展课题研究、参加校外学术组织、专家组织的课例研讨，撰写教学反思、教学论文、教学专著，参与名师工作室的培训、校内外教辅材料的编写、相当层次的教学管理活动等。诚然，对于任何一位优秀教师、名师乃至教育家来说，教育科研在其教育实践、教育人生中都有着非常重要、不可或缺的地位和作用。第一，丰富自身学养内涵、改变行为方式、优化生命状态、成就理想事业的捷径。学有所成、研有所获的教师不再是"教书匠"，也将因此获得专业学者、名师团队的社会待遇，感受到教育人生的成功与快乐、幸福与自豪。第二，丰富教师精神生活的需要。人们的精神生活多种多样，从事教育科研工作也能带来精神享受，如名师培训、学术会议、课例研究、课题申评、调查报告、论文专著、德育交流、心育论坛等，一旦完成，会使你倍感轻松愉悦，其成功的快乐自然妙不可言；相反，一个教师若长期缺乏学习思考、实践研究、问题交流，久而久之就可能对教育工作产生职业倦怠。我们唯有坚持科研兴教，才能以三尺讲台为用武之地，开创无限美好未来。正如苏联教育家苏霍姆林斯基所说："如果你想让教师的劳动能够给教师带来乐趣，使天天上课不至于变成一种单调乏味的业务，那你就应该引导每一位教师走上从事研究这条幸福道路。"第三，充分挖掘学生潜能的需要。教育的最终目的是培养适应未来的创新人才，发展学生的潜能、促进学生的全面发展，教师责无旁贷。我们必须坚信：每一个学生都有人生出彩的理由与机遇，每一个智力正常的孩子都有考上理想大学的希望与潜能，只要我们教育得法，他们就可能成为不平凡的人，甚至天才。第四，深化课程全面改革的需要。教师在教学过程中应与学生积极互动、共同发展，正确处理好传授知识与培养能力的关系，注重培养学生的独立性和自主性，引导学生质疑、探究。建设高质量的教师队伍，是全面推进素质教育的基本保证。教师要遵循教育规律，积极参与教学科研，在工作中勇于探索创新。新课程改革是牵动整个基础教育的全面变革，是现阶段全面推进素质教育的重要抓手。当前已进入关键阶段，要实现新课改的要求和目标，培养学生的研究性学习能力，教师就必须加强教育科研工作，切实解决教师教育教学中遇到的相关问题，不断提高质量，促进师生共同健康成长。

教育科学研究方法形式多样，突出以马克思主义为指导，通过多种手段探求教育内部各要素之间和其他事物之间的关系，以及教育的质与量之间的变化规律。

（1）观察法。研究者按照一定的目的计划，在常态中对研究对象进行系统的、连续的观察，并做出准确、具体、详尽的记录，全面而正确地掌握所要研究的情况。观察法不限于肉眼观察、耳听手记，还可以利用视听工具获取相关信息。观察法步骤有三：一是事先做好充分准备；二是按计划有序实施观察；三是及时整理观察材料。

（2）文献法。通过阅读有关图书、资料和文件来全面地、正确地掌握所要研究的情况。查阅的文件最好是第一手材料，如果是第二手材料，必须鉴别其真伪之后才可选用。文献法的步骤是：收集与研究问题有关的文献，然后从中选择重要的、确实可用的材料，分别按照适当顺序阅读分析，详细研究并写成报告。

（3）调查法。研究者有计划地通过亲身接触和广泛了解，比较真实地掌握有关教育历史、现状和发展趋势，并在大量掌握第一手材料的基础上进行分析综合，提炼科学结论，以指导以后的教育实践。调查法一般是在自然的过程中进行的，通过访问、问卷、调查、测验等方式去收集反映研究现象的材料。在调查过程中，经常利用观察法作为调查和核对材料的手段。调查法必要时可同历史研究法、实验法等配合使用。调查法的步骤是：①准备，选定调查对象，确定调查范围，了解调查对象的基本情况；研究有关理论和资料，拟订调查计划、表格、问卷、谈话提纲等，科学规划调查程序、方法。②调查，通过各种手段收集材料。必要时可根据实际情况变化对计划做相应调整，以保证调查工作正常开展。③整理，包括分类、统计、分析、综合，写出调查研究报告。

（4）实验法。在人工控制教育现象的情况下，有目的、有计划地观察教育现象的变化结果。它能使观察、记录更为精密，保证研究工作的准确进行。实验法可分为实验室实验法和自然实验法。前者基本上是在人工设置的条件下进行，可采取各种复杂的仪器和现代技术。后者是在日常教育工作的正常条件下实施。教育实验法多数采用自然实验法，但对某些问题的研究也需要实验室实验法配合。实验法进行的步骤是：①拟订实验方案；②创造实验条件；③具体操作实验；④处理实验结果。

（5）统计法。通过观察、测验、调查、实验，把得到的大量数据材料进行统计分类，以求得对研究的教育现象做出数量分析的结果，这是数理统计方法在教育方面的应用。统计法可用于对教育行政效率的检验，对教育经费的合理分配，对课程分量规定的测定，对学生成绩的科学比较，等等。在教育实际工作中，经常使用描述统计研究情况，如整理实验或调查来的大量数据，找出这些数据分布的特征，分析其中所传递的信息。还可进一步使用推断统计法，即利用描述统计取得的信息，通过局部去推断全局的情况。

（6）分析法。分析法又称逻辑分析法，即对所收集的材料进行分析研究的方法。这种方法本身包括分析、综合、抽象、概括、归纳、演绎等具体方法。分析是把复杂的教育现象分为各个组成要素；综合即根据分析的结果，把事物或现象的各个要素联成一个整体来认识；抽象是对某种教育现象抽出基本的、本质的东西，撇开表面的、非本质的属性，集中注意力去掌握事物的本质；概括是从某些教育现象中抽取出其本质属性，从而形成概念；归纳是由个别到一般的推理方法；演绎是由一般到个别的推理方法。分析法对研究成果关系甚大，必须慎重进行，强调运用正确的方法论做指导。

教育研究具体步骤如下。

（1）确定主题。确定研究问题的关键之处在于关键术语的界定和使用。历史研究是寻找过去的事实，并在这个信息基础上描述、分析和解释过去。所以，关键术语的逻辑一致性就显得十分重要。我们必须处理好两个方面的问题：一是关键术语的模糊不清。比如"教育"一词，在不同的历史时期，它的含义不同。在研究"教育"历史的时候，就要厘清哪些是我们视野中的"教育"，哪些与今天的内涵有别。二是所谓历史研究法中的"现代主义"危险。这种病症在理论界相当普遍，所以确定研究问题首先必须界定关键术语。

（2）收集评价。史料是历史研究的出发点，收集评价史料是历史研究的基础层次。收集史料不仅意味着收集与研究问题相关的历史文献，而且要掌握鉴定史料的方法，以确定史料来源的真实性和重要性。历史研究的资料主要有两个来源：第一手资料和第二手资料。第一手资料包括原始文件、真正参加者或直接观察者的报告，被研究的教育家本人的论著、演说稿和日记、会议记录、调查报告等。第二手资料是对事件或经历至少处理过一次的资料，它包括各类参考书、他人传抄的记事、各类出版物等，其内在批评和外在批评对于确定史料来源的真实可信与可用性是十分必要的。

（3）综合整理。在不同来源的史料相关价值确立以后，研究者就应该将所得的史料加以综合整理。在这个过程中，研究者必须解决史料之间的不一致所带来的矛盾，并根据研究目的合理取舍、系统整理、科学评价。

（4）形成结论。历史研究形成的结论是从文献中所得的逻辑分析，注意处理好几对矛盾。一是古今矛盾，我们并不能因今而曲古，因今而废古，必须保持理性清醒。二是史论矛盾，史论矛盾也就是史料与史学的矛盾，历史研究要史论结合，有史而无论，只是史料的堆砌。三是扬弃矛盾，继承发扬什么一直是历史研究的核心问题。继承而不创新，历史文化就没有生命力；创新而不继承，文化进步就没有根基，我们主张批判地、科学地继承与创造。

我从教数十年，曾撰写多篇教学论文、思想评论、知识小品，其中有不少获得各级奖励或公开发表，逐渐积累了一些写作经验。下面向读者朋友介绍五点撰写教学论文的体会。

（1）题目力求新颖别致。文章立意新颖，题目不落俗套，敢于标新立异，既在情理之中，又出意料之外。例如，"愚公移山不如愚公搬家""课堂上的变奏曲""响鼓更要重锤""近朱者未必赤""从成功走向成功""忠言逆耳不利行""劝君莫唱《明日歌》"等。

（2）开头最好引人入胜。常言道，好的开头等于成功的一半。好的开头，有如春色初展，鲜花含露，令人钟情。例如，《理想是人生的支柱》一文的开头："没有桅杆的风帆，是一块无用的布；没有理想的人生，像一片虚无缥缈的云朵，更像一只飘扬在天空的断线风筝。理想是人生的精神支柱，更是前进道路上的指路明灯。一个人活在世上，怎能没有方向、没有追求、没有理想。"

（3）小标题务必有气势。排比句用在文章中，常常能够形成一种"理直气壮"的气势，增强文章的感染力。例如，《自信才能自强》一文中写道："自信，是冲锋的号角，前进的动力；自信，是拼搏的源泉，胜利的基石……"又如，《课堂教学要善于启智》一文的小标题是："有疑问、有期待、有沉思、有辩论、有微笑"。

（4）烘云托月，强化效果。古人云："山欲高，尽出之则不高，烟霞锁其腰则高矣；水欲远，尽出之则不远，掩映断其脉则远矣。"写文章应该注意对照、类比、陪衬、烘托，将新与旧、美与丑、动与静、雅与俗、形与神、虚与实等多方面进行对比，运用"烘云托月"法，让"万绿丛中一点红"的烘托效果更加突出，主题更加鲜明。

（5）举例论证，典型有力。写教学论文难免要举一些例子来说明。举什么例子好呢？我的感受是例子越典型越好，越能说明问题。例如，《中小学素质教学面面观》一文的论点是阐述"什么是素质教育"问题，举例必须典型，最好是大家了解的，具有说服力的案例。其实，有必要按照马克思主义关于人的全面发展的学说、教育大师关于教育本质的论述来探究素质教育的内涵与培养问题。

例文一：基于新课标新教材的高中地理教学改革新思考

论文导读：基于新课标新教材的高中学科教学改革新思考，是一个相对宏大的教科研主题，从过去到现在为此开展研究与撰文的同行和专家屡见不鲜，在此基础上即使再三思考，欲有所突破也委实较难。但本人作为一名一线老教师，面对新课标新教材还是有话想说，哪怕是只能给大家带来一点点启示，我也心满意足了。文章以《普通高中地理课程标准（2017年版）》为指南，紧密结合新教材，尝试探究高中地理教学改革四大策略。试图为理论联系实际，深化教学改革、构建高效教学的地理学本课堂、加强学科核心素养培养尽绵薄之力。

课程标准是规定某学科课程性质目标、内容要求、实施建议的教学指导性文件，特别提出了面向全体学生学习的基本要求。《普通高中地理课程标准（2017年版）》伴随教育改革的深化应运而生，其修订原则在于：坚持正确的政治方向，践行立德树人的根本任务；坚持反映时代的要求，着力发展学生的核心素养；坚持科学论证，充分反映学生成长要求；坚持继承发展，确保课程改革的连续性与创新性。其主要突破在于：更新改进了教学内容，凝练了学科核心素养，研制了学业质量标准，增强了对教材编写、教学方法、考试评价的指导性。普通高中地理新课程的基本理念：培养学生必备的地理学科核心素养，构建以地理学科核心素养为主导的地理课程，创新培养地理学科核心素养的学习方式，建立基于地理学科核心素养发展的学习评价体系。课程结构设计的依据：立德树人的根本任务，地理学的学科体系，学生发展的多元需求。普通高中地理课程由必修、选择性必修与选修三部分组成，涵盖了现代地理学的基本内容，体现了自然、人文和区域地理的联系与融合。必修课程的设计突出结构的相对完整和教学内容新颖充实，使课程具有较强的基础性、时代性、系统性、科学性，选修模块涉及地理学理论、应用、技术各个层面，关注人类生产生活与地理环境的密切关系，凸显地理学的学科特点与应用价值。

普通高中地理是与义务教育相衔接的一门基础课程，旨在培养学生的人地协调、综合思维、区域认知、地理实践等核心素养，为塑造德智体美劳全面发展的后备人才奠基。教学改革必须与之适应，秉承多元智能观念、灵活使用教材、突出学本教学方法，使教学具有启发性、创新性、开放性，积极尝试自主合作探究学习，问题式教学、地理实践、信息技术支持下的多媒体教学手段，努力开创新课标背景下高中地理教学的崭新局面。

1. 做好教材使用的加减法

纵观我国基础教育发展历程，课程教学宗旨经历了从早期知识立意、中期能力立意、现阶段素养立意三个阶段，与此相关的课标和课程也相应发生了三次变革，目前以强调学科核心素养为前提，全国地理高考命题、学业水平测试在保持相对稳定的基础上，加大了地理学科核心素养的考查力度，因此常规地理教学有必要做出相应改变。地理学科是高考文科综合试卷中的拦路虎，自然地理偏理科，内容难度较大，有人把它看成"文科中的理科"，日常教学中宜多做加法，但必须适可而止；人文地理偏文科，内容难度较低，可考虑多做减法。然而，加法与减法的选择关键在于学情分析、合理剪裁、因材施教。

（1）适当做好加法

从宏观上把握教材章节脉络，优先做好加法。例如，对地球上的水体教学，我们应该与时俱进，重视21世纪海洋对人类的突出意义，适当补充海水的性质，海洋维权所涉及的中国南海、钓鱼岛，海洋资源研究和开发等内容，海洋主题应该相对突出；地理环境整体性与差异性部分，新增植被与土壤的教学内容；人文地理区位理论学习中增加了服务业。坚持立足教材、超越教材，加大优质教学资源的输入，给学生补充营养。比如，适当将时事材料引进课堂，组织学生观察地理景观图片、赏析优秀影视资源、阅读地理书刊（《中国国家地理》杂志等）、开展地理知识竞赛等活动。尤其要让优质影视作品进入课堂，以弥补地理教材的滞后和局限。例如，自然科普类的影视作品《宇宙中的地球》《动物世界》《自然灾害》《地质作用》等；人文类的影视节目《边疆行》《沿海行》《北纬30度》《今日关注》《世纪大讲堂》《军情观察室》《丝绸之路》《航拍中国》等均为相当不错的地理素材。但在具体操作时必须注意如下问题：①在众多的影视作品中，精选出适合高中生观看的优秀影片。②将影片合理归类、科学排序，条件成熟时可以直接制作为校本教材使用，设置成专题一、二、三，分别匹配高中地理的自然地理、人文地理、区域地理。同时围绕视频精心设计问题探究，以启迪思维、提升质量。

（2）适时使用减法

精选教材与习题，不做无用功，在教学效率上下功夫。①以新课标为依据，以课程改革理念为宗旨，大胆删除必修1中全球气候变化、水资源的合理利用等内容，对于迁移至选择性必修1的地球运动、气压带与风带、常见的天气系统部分，适当降低教科书难度；②明确地理价值观的导学作用，突出区域核心内容筛选，关注重点、热点区域的深度学习，杜绝区域地理八股式的教学模式，注重学科核心素养目标。③认真研究、大胆取舍。在熟练驾驭教材的基础上，对教材有效整合、删繁就简、取其精华。例如，营造地表形态的力量中地质作用的系统论述实为低频考点，理应做好减法，及时减轻学生负担。

2. 积极开展问题导向教学

新课标坚持以人为本，以提升学生核心素养、促进其终身发展为宗旨。作为地理教师，我们应该以学生认知水平和知识基础为起点设计教学问题；围绕教学目标设计不同层次的问题、进行思维链接、开展问题探究；让学生参与整个学习过程，努力构建学科框架，确保对地理问题的全面认知与思维训练。课堂问题教学设计应做好如下工作：其一，从传统讲授法向问题导学法转变。积极创设问题情境激趣引思，地理学以人地关系为主线，问题设计必须密切联系社会经济热点、日常生活现象、历史文化思潮、地理实践活动；适时、适度、适量地提出高质量的问题，鼓励学生主动参与、大胆发言、探究学习，让全体同学畅所欲言、张扬个性。当然，也可以采用学生提问、教师回答的方式，营造一个民主、和谐、宽松的学习氛围。其二，坚持以生为本，营造良好的师生关系。教师应注意"创设"丰富的问题情境，巧妙"唤醒"学生的"问题意识"，"引导"问题走向，让学生在自主探究中圆满解决问题。比如，自然地理强调按照原理与规律设置问题；人文地理着重区位选择与人地关系；区域地理重心则落在区域认知、可持续发展策略上。在实践中教会学生采用递进式、比较式、因果式、转换式、逆向式设问，引导学生养成良好的思维习惯。其三，废除形式主义，兴务实创新之风。课堂提问有助于活跃课堂气氛，提高教学质量，但表面上的热闹气氛并不代表学生真正理解教学内容，达成教学目标。评判教学质量的重点在于学生的心智发展，因此教师必须精心设计问题，切不可随心所欲，任何华而不实的做法都必将贻害无穷。

"问题式"教学是当前新课标背景下的热点，单元式、项目式、主题式教学均可与问题式教学有机融合。地理教学改革应从教师设问的基本功提升开始，地理教师应学会提出过程性、启智性思维问题，注重多元评价方式的运用，同时积极开展过程性、终结性、思维结构性、表现性评价。重塑教学观，倡导自主、探究、合作的教学方式；重塑师生观，倡导平等、民主、和谐的师生关系；重塑质量观，关注学生学科核心素养全面发展。

3. 加强地理实践力的培育

地理实践是支持学生地理学科核心素养发展的重要手段，是地理教学不可或缺的重要方式，其关键在于运用地理知识去观察思考、行动感悟。地理实践种类繁多，涉及课内模拟实验与课外参观考察两个层面的活动。按照形式、内容可分为六类：观测，包括气象天文、地质环境、野外景观；阅读，包括时事地图、地理墙报、相关文献；集会，包括专题报告、地理晚会、知识竞赛；制作，包括地理图表、模型教具制作；考察，包括地理场馆、展览会所、城乡聚落；研究，包括灾害环保、乡土教材等。可根据学校条件、学生爱好差异，组织全体或部分学生参加一种或几种实践活动，以达到拓宽视野、丰富知识、提高技能的目的。它不能从书本上直接获得，只能从社会实践中体验感悟、学习累积，是一种不可取代的动态拓展、开放创新的教学方式，其活动常以地理实践力为评价指标。地理实践力是地理学科核心素养的组分之一，指人们在考察、调查、实验等地理实践活动中所具备的解决实际问题的行动能力和必备品质，是现代地理学研究的重要方法，也是高中地理教学亟待推广的学习方式。地理实践力有助于人们更好地在真实情境中观察感悟地理要素及人地关系，增强社会实践力和责任感。然而，实践力水平的高低很难通过考试测评，需要通过实践活动的整体表现来衡量。

在众多的地理实践活动中，地理研学旅行方兴未艾、寓学于游、备受青睐，已发展成一门内容鲜活、形式新颖、主体多元、评价系统的独立课程。打通课本知识的研学旅行，是对学生进行生命、生存、生活教育的直接途径，是学生最好的人生课堂。读万卷书，行万里路，强调自己成长过程中用旅行方式来学习，对外读懂世界，对内反思自我，不囿于教材，不桎于课堂，立足游学，以开放的姿态为学子们提供全方位的"学习场"，让每个人真正亲近自然、走向社会、大胆实践、体验生活、认识世界。它既打破了课堂教学的时空局限，又增加了学习内容动态性、情趣性、实践性，教育"实践育人"的功能恰恰是目前课堂教学的软肋。为此，必须强调学生在实践中学习、掌握、升华、运用知识与技能。学校要在充分尊重学生个性、鼓励多元发展的前提下，对学生参加研学旅行的情况进行科学评价，并将评价结果逐步纳入学生学分管理体系、综合素质评价体系。研学旅行目前正处于起步阶段，还不成熟，需要不断改进。研学旅行野外课堂在设计、在路上、在延伸。

4. 突出地理信息技术融合

中学地理新课标实施建议明确指出："信息技术的发展应用是地理教学改革的助推器，能够促进教师教学方式与学生学习方式的变革，帮助学生享受更优质的地理教学服务。"其抓手在于借助大数据、人工智能、"互联网+"条件建构信息化学习模式，教学决策数据化、交流互动主体化、资源推进智能化的智慧课堂，力改知识本位、教师主体、形式单一的传统教学生态，对于激发学生兴趣、突破教学难点、培养探究能力、落实核心素养意义重大。在当今知识经济时代，信息技术的发展使人们的工作、学习与生活方式发生了巨大改变，教学资源空间、模式管理正在进行一场悄无声息的革命。攻关的重点在于努力将信息技术与常规教学融为一体，以改变传统模式，实施高效教学。

正确认识现代信息技术在教学中的应用功能，将它与基础课程教学有机融合，激趣启思，高效教学，仍需解决如下问题。

（1）充分认识信息技术的基本特征

信息技术应用于教育，弥补了传统教育的众多不足。信息显示的多媒体化、信息组织的超文本方式、信息存储的大量性、信息过程的交互性、信息传输的网络化，引发了教育手段的深刻变革与大胆创新。教学设计、教学评价、协作学习出现了前所未有的新局面，师生可以建立个人主页、互联网平台开展探究学习，对改进教学影响深远。

（2）加强信息技术与学科教学有机整合

克服将信息技术作为课堂教学装饰的形式主义。不能以具体材料演示和纲要性课件替代教材，而忽视对学生阅读分析的指导；重视教学资源的建设，反对过分依赖网络，注重生活中其他资源的利用。

（3）运用信息技术教学激发学生兴趣

逼真的动画、听觉与视觉效果的融洽能充分调动学生多种感官，激趣引思、加深印象、增强记忆、提高效率。然而，中学信息技术教学并非多多益善，种种弊端屡见不鲜：课件花哨，过分渲染观赏性，网上阅读学生难以控制，看多讲少，重点、难点模糊，电子板书频繁切换，影响知识建构。为此，必须对症下药：课件设计力求美观大方、易于操作；严格控制学生的网上活动，尤其要监督挂羊头卖狗肉的网络游戏迷；讲读练评结合、强化问题解析与语言表达；坚决反对课堂无规范手写板书的做法；因材施教，反对形式主义，从教材基本特征与学生主体需求出发，合理运用，对于不适应多媒体教学的内容改弦易辙。信息技术教学与传统教学各有所长，传统教法是前人教学经验的沿袭，是一种长期的文化积淀与传承。信息技术教学是现代微电子技术发展的产物，但在实际操作时我们切不可把它视为时装表演，陷入形式主义的泥坑。我们坚信传统与现代的完美结合才是值得追求的理想境界。此外，为促进学生地理学科核心素养的落地生根，我们还要注重传统教学评价方式的改革，彻底改变单一终结性评价方式，大胆引入多元科学评价，积极开展过程性、终结性、思维结构性、表现性评价，建立学生成长档案，以最佳评价促进学生的全面发展。

诚然，教育改革是师生对理想信念的追求，课改的关键在于改课，为了突出学生主体作用，不断尝试自学、互学、互评、展评环节建构的学本式改革模式，其关键是实施学生主体前提下的问题导学，强调以问题为线索，开展卓有成效的自主合作探究学习。激趣启思、深度学习，使课堂呈现崭新的教学生态与生命活力。学校之美，美在课堂；课堂之美，美在学生；学生之美，美在素养。高中地理教学改革任重而道远，作为教师，我们永远在路上。

参考文献

［1］中华人民共和国教育部.普通高中地理课程标准（2017年版）［S］.北京：人民教育出版社，2018.

［2］唐晓静.小组合作学习有效性探讨［J］.地理教育，2017（12）：58-59.

（本文发表于《地理教育》2021年第1期）

例文二：夯实基础　强化素养　精准备考

——2019年高考地理全国卷1引发的2020年备考建议

论文导读： 高考试卷评析往往是中学教育的一个热门话题，高考指挥棒影响千家万户，尤其牵动着广大高中师生的神经，正确评析对来年备考具有很强的导向作用。每年，当高考尘埃落定，关于试卷的各种评价参差不齐。客观理性地看待高考试题，结合常规教学深入分析其得失，以充分发挥高考的引领辐射功能，为新一轮高考备考制订切实可行的方案十分重要。

2019年高考尘埃落定，但地理全国卷给我们带来的思考却意蕴深长，可谓"观之新颖，读之亲切，闻之纯香，品之绵长"。回味之余，我们不难对2019年的试题达成这样的共识：理性回归、突出基础、凸显素养、推陈出新。它以大量地理图文材料为载体，创设具有鲜明地理特色的真实情境，巧妙设计思辨性强、区分度好的系列问题，较好地体现了学科的区域性、综合性、实践性以及人地关系的主旋律。试题蕴含地理情怀、稳中求变、难易搭配，继续保持"小切口、深挖掘、分步走、重探究"的命题思路，注重地理基础、抽样考查、不落窠臼、巧妙设问，彰显新课标背景下素养立意的命题方向，给考生以"似曾相识、曲径通幽"的微妙感觉。此外，试题较好地将自然与人文、综合与区域、主干与热点科学整合，紧扣《普通高中地理课程标准（2017年版）》与《高考地理大纲及考试说明》及现行地理教材命题。一方面，稳定的题型与风格能让学生把握主体，从容作答；另一方面，注重地理过程综合分析能力的考查，将不同思维层次的学生进行有效区分，进而达到既有利于中学地理教学，又有利于高校选拔人才的目的。

诚然，比较分析近年全国地理高考命题发展历程，试题的稳定性与创新性是众所周知的特点。2019年的地理试题与2018年相比，从整体而言，师生对稳中求变的认同度明显提高。由此推知，2020年地理高考备考的原则依然是：认真落实地理基础与学科核心素养培养。

一、2019年命题基本特点浅析

1. 相对稳定，有所创新

从试卷结构形式来看，2019年全国地理高考试卷的考试形式、题型题量、编排组合大致保持不变，形成单选题（11题44分）、非选择题（3题56分，其中2道区域地理综合分析题46分，1道二选一的选做题10分）两种固定题型、题量、分值的基本格局。与2018年试题相比，选择题中群组套题结构合理，更加注重逻辑推理思维过程分析的考查，各题组虽然共用背景材料，但各选择题之间分别涉及不同考点；非选择题分值分布相对稳定，区域地理环境与相关产业发展仍然是考查主体，基本保证了全国地理高考试题命题的广度与信度。

考题形式之"变"主要体现在：在地图数量与上年基本一致（共有6幅地图）的前提下，文字表达略有增加（但行文整体比较简洁）。第1到3题、第43题没有出现地图，为纯粹文字材料，似乎与地理考试"无图不题"的惯例相悖，其实"思维地图"要求更高。

从试卷思想内容来看，2019年全国地理高考试卷具体表现如下：一是指导思想相对稳定。以人地关系可持续发展为主线，以学科素养立意为核心，重点考查学生综合运用中学地理课程的基础知识、基本技能分析解决问题的能力，尤其是地理事象发展过程的思辨素养，已成为当今地理命题的方向标。试题全面关注具有地理特色的社会生活，但不刻意追逐时事热点，大多以现实生产生活中有用地理素材为背景。对教材之外的地理素材，考生在做题时，首先需要通过文字、图像理解这些"新材料"，然后进行相关知识的迁移、重组与探究，其难度与区分度可想而知。二是知识体系稳中有变。"稳"体现在：中学地理中各大知识板块相对平衡，区域地理环境与区域经济发展依然是命题重点；"变"体现在：2019年试题在人文地理内容稍占优势的前提下比例有所下降，由2018年的62%减少到2019年的56%，除"农业""城市化"外，均有正向考查；自然地理内容占比仍然较小但略有增加，由2018年的38%增加到2019年的44%；此外，2019年试题更强调地理思维过程辩证分析与规范表达，可谓与素养要求俱进。

2. 注重基础，突出素养

2019年全国地理高考试题的另一特色就是：注重基础，突出素养。试卷特别重视学生地理基础知识与基本技能的考查，如地理事物的特征与分布，地理原理的理解与运用，地理信息的判读与加工，地理问题的分析与解答，无一不是地理基础的呈现。2019年全国地理高考试题依然突出基础与主干，如第一组题（第1、2、3题）主要涉及乡镇工业区位，第二组题（第4、5题）属于人口数量变化的范畴，第三组题（第6、7、8题）考查交通运输区位分析，这三个知识点均为人文地理中的常见知识；第四组题（第9、10、11题）重点考查自然地理环境的整体性。非选择题，强化对考生区域认知能力的考查，始终保持"自然与人文"综合探究的有机结合，分别以澳大利亚钢铁工业区位、里海区域水文与地质特征为载体。

试题充分体现"情境问题切入、能力素养立意"的命题要求。其素养具体内涵如下：其一，获取和解读地理信息的能力。全卷共有6幅地图与相应的文字表述材料，考生只有在有效获取图形与文字信息的基础上才能得到正确答案。例如，第6～8题组中"东北某区域铁路交通切入"，在理解区域地理特征的基础上，运用铁路区位选择的变化信息是解题的关键。综合题第36题中，准确获取第一段材料中"钢铁产业的发展历程"的相关信息是回答第（1）（2）（3）问的前提。其二，调动和运用地理知识与技能的能力。例如，第4～5题围绕"人口数量变化"主题，不但考查了人口迁移的影响，而且检测了学生具体问题具体分析的能力。第9～11题围绕"黄河中游堆积性游荡河道"这一命题，直接考查了区域气候、水文、地质、地貌等自然地理因素的整体性。其三，描述和阐释地理事物、地理基本原理与规律的能力。第1～3题围绕"乡镇企业发展"这一核心设问，突出加快乡镇企业振兴思路与区域经济发展的地理意义。第37题具有较强的探究性、思辨性。其四，结合生活实际，体现学以致用的能力。第43题"四川安仁古镇人文旅游开发"、第44题"美国芝加哥区域水体污染与治理"等案例是从现实生活中的问题切入，强调人地协调发展。

二、2020年备考主要对策建议

显然，就科学性、系统性、连续性而言，近年全国地理高考命题趋势仍将是稳中求变、推陈出新。因此，制订周密的备考计划，立足基础知识，逐渐提升运用所学知识与技能分析解决地理问题的能力，形成清晰精准的地理思维方式，强化地理学科核心素养，必然是2020年高考地理高效复习的不二法门。

1. 明确考向、科学规划

高三复习的总体目标：在知识回顾的基础上提高综合素养，即地理学科的必备知识与关键能力。目标确定的依据：①课程标准；②考纲要求；③教材重组；④试题研究；⑤学情透析。全国高考地理科考试内容主要包括：《普遍高中地理课程标准》必修地理1、地理2、地理3，选修模块以及《全日制义务教育地理课程标准》规定的地球与地图、中国地理、世界地理。考试命题的价值取向具体表现为：①突出评价学生地理学科核心素养；②注重考查考生对信息的获取加工与解决实际问题的能力；③注重考查对社会重大问题、时事热点的关注和认知，体现地理学科的实用性和时代性；④关注自然和人文地理的有机融合与变化；⑤注重地理图表的学习，继续强化"无图不成题""思维地图"的训练与考查。

在明确考向的基础上，对备考实施科学规划。具体做法如下：①一轮复习（至3月初）：依纲据标，落实基础；构建知识、吃透教材。②二轮复习（5月初）：重构体系，突破主干；自然人文地理思维结构化；区域认知地理实践案例化。③三轮复习（至6月初）：模拟训练，强化思辨；建立分析模型，明确解题思路，培养审题技巧，训练答题规范。同时注意把复习的重点放在必修内容与区域地理的学习上，把选修两个模块适当穿插到必修教材中，科学建构知识网络，实施问题导学，深度学习。

在强调组织有效复习的同时，还要正确处理好"纲""标""材"之间的关系，注意将"文本式"复习转变为"人本式"复习。过分依赖教辅资料，不注重本校学生实际情况的做法都是不可取的。我们倡导智慧备考，以理性认知为前提，加强学情研究，有的放矢，因材施教。

2. 夯实基础、突破重点

近几年，全国地理高考试题立足于考查地理学科的基础知识、基本原理、基本规律与基本技能，所以我们必须严格按照"课程标准、考试说明"重视"基础"落实，同时抓好主干知识教学，加强学科综合素质的培养。事实证明，高考中真正使考生拉开差距的是中低难度试题，考生要考出高分，就必须首先把握好中低难度试题，过分重视难题，忽视基础知识复习，造成中低难度试题的得分率偏低，其结果往往得不偿失。学生精力有限，学习需要合理取舍，每门学科如果在考试时能稳住80%的中低难度试题，适当挑战难题就算成功，也许这就是人们常说的"二八应试理论"。因此，教师应当引导学生重视基础知识的复习。2020年地理高考备考具体工作包括：认真细致地复习地理概念；深刻理解地理原理规律，学以致用；夯实基础，突破主干，努力提高学习效率。自然地理中的地球与地图（包括经纬网、等高线的应用，时间的计算，日照图的判断，正午太阳高度角的计算，昼夜长短的变化）；常见天气系统的比较分析；气候类型的辨析；水资源的开发利用；地质作用与地表形态等；人文地理中的人类活动（工农业、交通运输）的区位选择及城市与人口问题、能源与环境问题、国土开发与整治等都应是我们教学中应重视的内容。高考常以真实地理情境设计中心问题、编制试题，因此在具体复习中注重知识体系建构，以某一地理要素为核心，以区域为载体，梳理和整合考点知识，注重原理规律，形成思维序列，构建逻辑型知识体系与分布型知识体系，形成相关问题的知识结构十分重要。由于考试时间和题量的限制，命题必然会突出对地理基础上高频重点知识的考查，地理备考只有将基础主干落到实处，才能在高考中胸有成竹。

3. 强化技能、提升素养

素质立意是高考试题命制的基本特点：需以人地关系为主线，以区域认知为命题的入口和依托；选择反映时代精神，基于生产、生活、生态的主题材料作为情境；"小切口，大纵深"，重视思维品质、综合思维能力的考查；地理实践力有关的内容日益加强；答案注重论证的完整性、逻辑性、开放性。特别强调四大能力对"描述与阐释，论证与探讨"的考查，并有规律可循：描述——描述地理事物特点及其分布；阐释——比较说明地理事物的差异、优缺点等；论证——论述并证明地理事物的优劣势、独特性、影响；探讨——可能的影响、可行的措施、可能的目的、可能的方向、可能的原因。以上呈现是突出素养立意的重要举措。

（1）图文转化

高考试卷中地图数量多，形式新、信息量大且比较隐蔽。读图能力的差异，直接影响到复习的效果。复习过程中应该注意运用图像构建地理概念、成因规律、原理分析，学会利用经纬网、海陆位置等各种方法进行时空定位，提取加工有效的地理信息。地理图表是地理学科的"第二语言"，是学好地理必不可少的工具，也是地理命题的重要形式。考生在复习过程中识记、理解地理事物的分布时要运用相应的地图，突出图导图练作用，具体应该做好下列工作：读图，图册是最重要的复习资料；记图，形成"心理地图"；析图，正确解读信息解答地理问题；绘图，加深理解和记忆，通过指导与训练，达到掌握技巧与方法并熟练用图的目的。

知识、能力、素养是辩证统一的，缺乏必要的知识铺垫，难以提升能力与素养。面对高考，我们倡导在基础知识大盘点过程中逐步培养学生基本技能、学科素养，即扎扎实实抓好第一轮复习，高三复习的成败主要取决于第一轮复习的效果。第二轮专题复习重点在于地理思维"建模"，实践证明，抓好这一环节是促进地理能力提升、素养形成的最佳途径。地理原理的应用和地理问题的情境分析均具有一定的规律可循，如气候问题分析、等值线图分析、工农业区位分析，区域发展综合评价等都可引导学生科学构建。第三轮复习的主要目标是应试技巧的规范化训练与提升。因此，2020年地理高考备考复习，一方面必须在平时教学时强调"左书右图"的落实与良好行为习惯的养成教育；另一方面务必做好地理复习中学生知识与能力的系统整合。

（2）练评结合

众所周知，高三学生的困惑是：饱受新题诱惑，很疲劳；常被烂题折磨，很痛苦；教师讲得多，学生不会做；学生做得多、成绩上不去，很着急。训练是巩固所学知识的关键，通过必要的练习生能变熟、熟能生巧，要避免盲目追求大题量、高速度、快节奏的复习方式，精选试题，进行限时独立练习。高效训练必须以好题为基础，好题的解答应该是课本有知识、材料有信息、常识能借用。注重往年高考试题的再利用，每一道高考试题都是很好的高考复习题目，是一种很宝贵的试题资源。考试往往是规范的练习，也是搭建一种暴露问题的平台。为此，教师只有走进题海，学生才能走出题海。精练的重点是反复应用学过的原理解释课本上的、地图册上的、生活中的地理现象。从多角度改变设问的方式，多方位训练学生的思维，达到举一反三的目的，传统的题海战术只能加重学生的负担，难以进行地理思维和学习方法的训练，适应现在的高考。我们可以考虑以分单元（比较小的单元组合在一起）、分册练习为主，过多的综合训练不利于学生进行系统全面的复习。通过及时认真的批改，提高学生的复习积极性，使学生有的放矢地加以弥补。根据考试情况对错误率较高的试题进行重点讲评。讲评要就题论理，明确错误原因，弄清问题实质。要善于小题大做，借题发挥。精讲的重点是讲清概念、讲清分类，指导学生利用课本的材料理解最基本的地理原理。通过讲评扩大知识的覆盖面，提高知识和技能的迁移能力及灵活运用知识的能力，达到解一题、学一法、会一类、通一片的目的。要注意对试卷进行二次批阅，检查学生的听讲记录，以督促其认真听讲，认真订正。

高考命题倡导设置新情境、提出新问题，但其知识原理一般都来源于课本，我们可以通过对相关知识的迁移来进行回答。复习中必须注意培养学生的迁移能力，如把热力环流的形成原理迁移到东亚季风气候、城市与郊区的热力环流、海陆风的形成；把鲁尔区形成的区位条件、衰落原因、综合整治迁移到山西能源基地、辽中南工业基地等，通过训练不断提高学生的知识迁移能力。高考试题虽然不会考到与教材相同的案例，但一般会考到相应的模式，注意建立正确的答题思维模型，注意不误答、漏答，如原因（自然、人为）、条件（有利、不利）、影响（积极、消极）等，按模板归纳答题要点，答题才能做到有的放矢，克服不得要领的叙述，并注重课本知识迁移，规范使用所学的地理术语，注意用科学的语言表述，杜绝使用"大白话"式的语言答题。最后阶段要依托题型训练带动知识复习，把题型训练与重点、热点复习结合，在训练中强化对重点、热点的复习。

（3）扬长避短

认真分析高三复习现状，值得反思的地方很多，教师方面主要表现在：面面俱到、不分轻重、没有取舍；过分重视热点，游离于教材之外；重视选择题，轻视综合题；重视练习，轻视纠错；重视理解，轻视记忆；重视能力，轻视知识。学生方面主要表现在：忽视主干构建、知识零散，没有笔记本、错题本、好题本，死记硬背，题海战术，时间分配不合理，学而不勤、习而不思，有想法、没行动、不坚持。为此，我们必须不断调整教学方法；突出学生主体，培养学生自主学习的能力，尝试课堂教学，作业布置适当留白。注意处理好以下两个容易忽略的问题。

第一，看题与做题互补。精练要求引导学生适当减少做题的数量，做到做题与看题相结合。对自己手头资料上的一些题目可采取看的策略，具体分为以下六个步骤：①想答案的要点；②把自己所想的要点与题目的答案对照；③寻找自己所想的答案要点与参考答案之间的差距；④分析两者存在差距的原因；⑤综合自己思考和题目给出的参考答案，对答题思路重新整理；⑥回忆相关知识，归纳出其可能的命题趋势。怎样做题最有价值？研究自己的错题最有价值。做自己会做的题目只是训练，通过研究，原来不会做的题目现在会做了，才是进步和成长。

第二，建模与脱模共生。在形成解答分析问题的基本思路的基础上，培养学生灵活应用所学知识解决设计问题的能力，需要建模与脱模的训练。需要突破的主要问题：构建核心概念的认知结构，图析式学习自然地理；逻辑式梳理地理过程；网络式学习人文地理；掌握认识区域的方法；创建提高获取和解读地理信息、分析解决问题的能力结构。既要引领学生学会构建完整的主干知识思维导图，又要培养学生超越固定思维模式、学以致用、灵活机智解决实际地理问题的能力，二者所包含的知识与能力辩证统一，体现的是一个从量变到质变的过程。

高考备考是一项极其艰巨、极富挑战意义的活动，也是对高三师生意志和心智的考验。一分耕耘一分收获，只要我们重视双基、掌握主干、回归说明、细致审题、规范答题，相信一定会取得喜人的成绩。最后，我们要强调的是引导学生注重理解分析能力与探究创新意识培养。一方面，正确指导解题方法、突破论述瓶颈；另一方面，学以致用，密切关注生活中有用的地理，激发学习兴趣，开阔地理视野，加大案例分析的力度，培养学生自主、合作、探究的学习能力。只有这样，才能更好地促进新课程核心素养落地生根，为来年地理高考助力。

参考文献

中华人民共和国教育部.普通高中地理课程标准（2017年版）［S］.北京：人民教育出版社，2018.

（本文发表于《地理教育》2019年第7期）

例文三：略论中学教学内容优化构建的基本策略

——例析人教版高中地理教学内容的优化构建

论文导读：中学教学内容的优化构建是践行高效教学与素质教育的重要举措，也是教师高屋建瓴、整体驾驭教材教法的能力与素养的体现。本文结合广东省"十二五"教科研相关课题研究，以及本人以此为契机的校本课程资源开发经历，通过例析人教版高中地理教学内容的优化构建，指出了现行中学教材编排体系存在的主要问题与整改途径，导教导学效果良好。

教学内容是学校给学生传授的知识和技能、灌输的思想和观点、培养的习惯和行为等的总和，最常见的教学内容主要表现为各种知识。教学内容的选择需要教师认真分析课程标准、教科书等相关资料。"选择内容"胜于"传授知识"，"教什么"远比"怎么教"更重要。也就是说，关键在于"优化"。优化是一种思想，也是人们解决问题时常用的一种策略，面对难以改变的制约条件，通过对方案的选择或可变性条件的改善，使事物最大限度地满足人们的意愿。教学内容的优化是指在课堂教学实践中，精心选择材料、强化教学内容的表现形式。其主要方法是深入分析相关教科书及辅导资料，抓住知识联系、改进教材结构、重组教学内容、突出本质特征。如何优化构建教学内容？作为教师务必要做到以下三点。

1. 体现教材的系统性与科学性

面对教材，教者必须统观全局、分清层次，按由整体到部分、由一般到个别、由浅入深、由易到难、由已知到未知的顺序安排教学内容，尽量挖掘知识之间的纵横联系，将知识的逻辑顺序和学生的心理认知过程紧密结合。故此，我们首先强调总览教材，从整体上用联系的观点系统地分析认识教材，了解全套与分册教材的编写特点，明确各部分教学内容的目的要求与地位；通过教师自主阅读、相互交流，研究各册教材的所有知识点在各单元的分布情况及内在规律。其次是落实深入展读，洞悉每个单元的内容结构，熟练地掌握教材的知识体系、逻辑关系、专题活动的编排意图；清晰每个章节的教学重点和难点，合理利用教学素材；明确教学内容特定目标与学生认知水平的差异，充分预估教学效果。通过教材系统研读，找出新旧知识的联结点，促使知识正迁移和同化，在内容上变式发散，举一反三；注重相关知识与技能的提升，表述语言与方式的锤炼，进而设计出一套既能大大减轻学业负担，腾出时空培养学生独立学习能力，又能激发学习兴趣，确保良好教学效果的内容体系，让师生一看就能明白应该掌握什么，掌握到什么程度。

2. 体现教材的生活性与实践性

选择贴近学生生活实际且相对熟悉的内容。所选内容最好在学生的"最近发展区"，进而有利于创造生活化情境，呈现鲜活的生命状态。目前，社会变化日新月异，虚实结合、动静相生、推陈出新，及时补充有益的教学素材是与时俱进、顺应教育改革潮流的具体表现。知识来源于生活又服务于生活，二者息息相关，但在实际教学中仍然存在不少问题，如教师对学科知识与学生生活的必然联系关注不够，甚至熟视无睹，缺乏兴奋点的精准激发，学以致用往往成为一句空话。教材是落实课程目标、完成教学任务的主要载体，也是教师进行课堂教学的主要依据，在选择时要敢于超越传统教材的局限，结合中学生的心理、生理、生活特点，科学调整、优化构建，使教学内容与学生的日常生活密切联系起来，既要呈现出学科理论的价值，又要体验到走向实践的乐趣。

3. 体现教材的适宜性与生成性

根据不同学科性质与学生差异特征，在符合学科特点与要求的背景下适当选择教学内容，把深度、广度、角度、难度、速度控制在学生脑力潜能的可接收范围内，有效融合师生互动信息，巧妙运用生成性资源，为促进教学生成与能力培养奠基，是教学内容优化过程中一项十分重要的基础工作。新的课程理念告诉我们，教材只是课程的一部分，要使课程更加贴近学生的认知情境，教师必须从被动地执行教材转变为主动吃透教材、用足教材、开发教材、超越教材，在课程目标确定、内容选择的过程中，教师要在自己对教材理解、教学经验和学情分析的基础上优化教学内容。教材应该针对所有学生，全面顾及城市和农村的孩子，科学选编；教材的敏感点需要适当深化，竭力使课程与师生生活融合起来，不断丰富教学内涵，促进学生终身发展。

教学内容优化还必须注意两点：其一，围绕目标，容量适度。对传统教材删减与取舍必须根据课程标准的年段目标以及学情分析来决定，对于与教学目标不符的"好"内容也要下决心去掉。其二，点面结合，以少胜多。教材所涉及的内容众多，选择时关键在于突出重点、突破难点、把握起点，传统教材内容编排上较多见的是"推土机"式的操作——只有表面的推进，我们希望适当增加"打桩机"式施工——抓住一点纵深挖掘。选什么"点"大有讲究，取什么"面"很有技巧，教学内容的优化构建务必立足学生、基于科学、聚焦重点、驾驭全局、以点带面。

高中地理由于教材版本众多、体例各异，在基础知识与技能教学方面尚存在一些问题和不足，尤其是教学内容编排体系还不够科学系统，有悖学生的认知规律，给日常教学带来了许多不便，不利于学生多元智能开发与综合地理素质的提高。如何破解上述难题，实现地理教学可持续发展，首要问题在于对现行高中地理教材内容进行优化构建。以人教版高中地理教材为本，参照其他教学资源删繁就简、吐故纳新、科学构建、简要解析，力求摸索出更适合现行高中地理高效教学的基本模式。内容主要由两部分组成：一是简明的"本章整体解说"；二是翔实的"分节要点解析"。其主要特色如下：第一，优化内容结构，重视科学构建。主要包括"地理基础、自然地理、人文地理、区域发展"四大模块，从教学实践与课改出发，在教学内容构建方面有较大的突破，如将必修3的"地理信息技术与运用"，必修1的"行星地球"前置于"地理基础"部分；在"地球上的大气"单元增加了教学难点"气候类型判读"一节；另外，为了简明扼要地整合主干知识，一方面对传统教材的相关章节进行了删减与合并，另一方面适当增加了需要完善的"误区警示、知识拓展、阅读理解"内容。如"地球上的水体"单元，将"水循环与水资源的合理利用"合并，补充了"海洋资源与开发"。第二，践行课标理念，突出高考取向。以培养学生地理综合素质为宗旨，以教学大纲为依据，一线学情为背景，兼收并蓄、扬长避短，实施目标导学。第三，遵循逻辑推理，强化能力立意。基本按照"总—分"的逻辑顺序展开，在每个环节中渗透启迪思维、发展智能的教学思想。

根据以上高中地理教学内容的优化构建，我们学校编写了校本教材，连续在三届高三地理教学中进行了大胆尝试，教学效果良好。师生们明显感觉到运用优化整合后的校本教材，内容明显减少了，条理变清晰了，重点更突出了，难点易把握了，时效性提高了，成绩也上升了……最为关键的是，经受了历次高考成功的检验，平心而论，我们学校在广东省属于第三类学校，高一招生是在第三档分数线范围内录取，学校教学与高考的评价自然也是对号入座。然而，近3年来，学校高考成绩蒸蒸日上，其中一个很重要的原因是：地理学科坚持使用自编的校本教材，进步显著，在文科综合大型统考中成绩遥遥领先，全面超越同类学校，直逼第二类学校，甚至接近第一类学校。

《地理教育国际宪章2016》中明确指出："地理教育为今日和未来世界培养活跃而又负责任的公民、地理在各个不同级别的教育中都可以成为有活力、有作用和有兴趣的科目。并有助于终身欣赏和认识这个世界。"可见，地理教育任重而道远。高中地理教学的主要目的在于帮助学生努力掌握地理科学的认知结构方法与策略。地理认知结构包括知识与能力结构两个方面，为此，教师必须在向学生呈现精心组织层次化、结构化地理知识的同时，通过定向研究与专项训练提升地理能力。根据学生的生理、心理、爱好，结合教学实践，围绕目标合理优化教学内容，开展有效教学，使每个学生在获取知识的同时，身心得到健康发展。

诚然，通过高中地理学科教学内容构建分析可以略见一斑，如何突破目前中学学科教学的瓶颈、创新思维，科学构建教学内容体系，更好地驾驭教材教法，努力摸索深受师生欢迎的高效教学模式，是我们现实而又崇高的目标。然而这项系统工程任重而道远，并非一蹴而就，需要广大教育同人志存高远、坚持不懈、锐意改革、开拓进取。

（本文发表于《教学管理与教育研究》2017年第10期）

例文四：关注地理案例教学与学生思维能力培养

论文导读：案例教学的主要目的在于培养学生的综合思维能力与学科实践力，所以案例的选择、设问与实施至关重要，否则其效果就会大打折扣。地理案例教学必须以学科核心素养为导向，努力践行以"一核四层四翼"为抓手，千方百计突出地理综合思维能力与地理实践力的培养，通过引入真实科学情境背景下典型案例的问题式教学，强化学生自主学习、合作探究、开放创新、学以致用的优秀思维品质的培养与提升。

案例教学运用于普通学科教育起源于20世纪70年代，它是一种通过师生、生生互动的平等对话深入探究，从经验与活动中获取知识能力的逻辑思维过程。《普通高中地理课程标准（实验）》明确指出：师生必须重视对地理问题研究，倡导自主、合作、探究学习。目前，案例教学方兴未艾，因此应在地理教学模块中充分运用。例如，在高中地理必修3中以某区域为例分析环境与发展问题，诸如黄土高原水土流失、西北地区荒漠化产生的原因与对策、田纳西河流域的综合开发利用等，无不涉及案例教学。从近年新课标新高考的教学实践来看，地理案例教学既调动了学生学习的积极性，又在启迪思维、培养学生学科核心素养方面成效显著。

1. 案例教学有利于发展学生理论联系实际能力

案例教学是一种使用特定案例学习某种原理或思想的方法。成功的案例教学是把原理的学习与应用融合在一起相互渗透，以实现"学习对生活有用地理"的新课程理念。

例如，在人教版高中地理"区域工业化与城市化"教学时，教者设计了"我的家乡工业化现状与对策""珠三角地区城中村之我见"这两个开放性问题，学生兴趣盎然、思维活跃。问题来源于生活，较好地体现了知识在教学中迁移与能力立意的主体目标，具有良好的启发性、实践性、创造性。学生在教师的指导下，参与思维活动、分角色体验，实现了师生之间多层次的密切交往，进而培养了学生理论联系实际、主动探究问题的能力。

2. 案例教学有利于培养学生自主创新能力课

我国古代早有"授人以鱼，不如授人以渔"的至理名言，它告诫我们，教师不仅要使学生掌握课标规定的基础知识，而且要教给学生独立探求、索取营养的基本方法与技能，实现由学会到会学的飞跃。案例教学必须把加强对学生学法指导和创设民主愉悦的教学氛围结合起来，从而提高学生自学能力与创新品质，变被动接受为主动学习。例如，在进行人教版高中地理"传统工业与新工业区"的教学时，引导学生比较鲁尔区与中国东北老工业区，意大利东北部纺织业与中国温州鞋业生产布局的异同，让学生各抒己见，着重思考我国东北老工业区与温州模式的改造方案。如此分析，洋为中用，借鉴性强。案例教学创造性的课堂设计是学生主动地参与、发现知识的条件与过程。培养的是学生持久的学习热情和不断探索精神、知难而进的优秀品质。在教学活动中，教师必须千方百计把创新思维的金钥匙交给学生并告诫他们：地理学习的成功并非一蹴而就，与平时扎实的知识和技能修炼以及对身边生活地理的细心观察与深刻思考息息相关。

3. 案例教学有利于充分挖掘学生探究性学习能力

探究式学习又被称为"问题导向式学习"。探究式学习有利于学生地理素养的全面发展，符合当今时代尤其是全国高考选拔人才的需要。案例教学把教学变成了一种特殊的探究活动方式，师生合作对案例进行讨论分析，围绕来源于现实生活中的地理问题，完成探究内容的确定探讨与交流整合的过程。地理课程标准提出"尝试从学习和生活中发现问题"，所以，教师在组织探究学习的过程中，不仅要讲述提问，而且要创设问题的情境，引导学生提出问题、分析问题、解决问题，充当地理学习的指导者、合作者。探究式学习注重学生创新能力的培养，鼓励学生敢于发表自己独特的见解，敢于向权威挑战，敢于对前人创造中不合理的成分质疑或否定。教师要尊重知识锐意创新，运用恰如其分的激励性评价手段，鼓励学生积极参与探究过程，体味探究活动的乐趣。

现行人教版高中地理必修教材有不少"活动"素材。教师要善于将教学内容激活并转化为一系列"问题"，精心设计恰到好处的探究性提问，激发学生进行高水平的思维活动，这是课堂探究的关键所在。教学实践中，当学生"进入"案例情境时，教师应立即设疑问难，要求学生剖析解惑。教学过程中同时注意巡回检查与学法指导，为后一阶段的讨论奠定坚实的基础。在高中地理必修3关于"森林的开发和保护——以亚马逊热带雨林为例"的案例教学中，我主动设计了三个层次的问题。

（1）雨林的全球环境效应与雨林生态的脆弱性各表现在哪些方面？（知识性探究）

（2）雨林开发计划及其影响如何？（行为性探究）

（3）雨林的前途——开发还是保护？（创新性探究）

通过这三个问题的探索，学生的思维空间不断扩展，探究性学习自然水到渠成。

4. 案例教学有利于学生养成合作学习的良好习惯

合作学习强调全体师生平等参与，共同分享；让学生在合作交流中真正感受到真诚、公平与责任；可以在小组内或自己喜欢的学习同伴中交流自己的收获和问题、感受和体验。合作学习惯用的课堂组织形式多为小组讨论，课堂教学中强调学生的积极参与，必须建立在自主学习的基础上，让学生拥有一定的独立思考过程，教师的作用在于对学生激励教育、适当指导。在合作学习中，教材是剧本，学生是演员，教师是配角。教师要设法让学生主讲，较难的问题引导学生讨论，教师的作用主要在于创设情境、设计问题、启迪思维。合作学习主要体现为对教材中"案例活动"内容的教学，具体做法如下。

（1）注重学案设计。按学生主体认知规律科学设计学案，组织过程要循序渐进，通过活动带出技能，通过技能带出知识点。精心设计提问，使内容贴近学生生活、社会热点。

（2）调控收放自如。使学生明确合作学习的目的、活动规则，当学生过度兴奋或沉闷时必须及时做好调控工作，平时注意培养学生正确的学习方法和良好的行为习惯。

（3）评价积极民主。坚持激励、肯定、民主、公正评价案例教学的基本原则是我们认知过程的关键。总之，在创新教育中，不论是采用探究活动还是合作学习，地理课堂案例教学模式要因人、因时、因课制宜，努力培养学生的综合地理素质，尤其是创新精神和实践能力。例如，在高中地理必修3"产业转移"的学习中，我们精心选取佛山陶瓷产业的案例，系统设置问题、共同思考、分组讨论，具体包括过去佛山陶瓷工业的区位优势有哪些？现在为什么佛山陶瓷要实施产业转移？其转移对转出地与转入地影响如何？未来佛山陶瓷创建的总部经济应怎样可持续发展？案例源于学生熟悉的家乡支柱产业，实践证明效果良好。

5. 案例教学有利于学生开放式思维模式的构建

案例教学的另一特色是师生互动，共同参与对案例的分析和讨论，教学内容、教学环境和教学过程是一个开放的体系。我们主张让学生充分参与课堂活动，展示自己的才能，张扬自己的个性，真正成为学习的主人。如在讲述人教版高中地理2"以畜牧业为主的农业地域类型"时，重点指导学生研究了"潘帕斯草原大牧场放牧业"这一案例，同时提出讨论中国西北地区的游牧业生产的危机与对策，大家一致认为潘帕斯草原许多成功的经验值得我国大西北借鉴，并提出了颇有见解的发展思路，课堂气氛异常活跃。因此，地理课案例教学教师一方面要有目的、有计划地将比较分析、综合概括、归纳演绎等方法传授给学生，以培养学生良好的学习习惯；另一方面要倡导学生积极思考、百花齐放、不拘一格。

案例教学成功探索任重而道远，关系到学科教育深化改革。国家的发展靠教育，教育的关键在创新。我们只有努力培养出适应现代社会的创新人才，中华民族的崛起才有不竭动力。

（本文发表于《环球人文地理》2017年第5期）

例文五：中学地理试卷讲评中的新思考

论文导读：试卷讲评是一种常规教学活动，也是学生考试之后教师的必备工作。但如何做好试卷讲评、发现问题、透析成因，有的放矢、精准施教，扬长避短、纠错前行也是长期困扰一线教师的老大难问题。本文从试卷讲评认知、对策两个方面分析，提出了自己个性化的思考，强调务必突出认真备课、不落俗套、精准讲评、反思总结、纠错巩固等重要环节。

中学地理试卷讲评是地理教学的重要环节之一，也是一项不可或缺的常规工作。到底如何开展好试卷讲评活动，让学生每经过一次考试都能获得最大收获呢？教师的作用毋庸置疑、不可替代。我认为应从如下三个方面下功夫。

一、提高认识、强化讲评

地理试卷讲评工作既然如此重要，那么作为教者就必须常抓不懈，否则就会形成中学地理教学的缺失与断层。因为它一方面能相对准确地反馈每次考试的情况；另一方面能指导师生查漏补缺，完善知识，深化教学。在教学环节中既具有总结作用，又具有桥梁作用。尽管如此，仍有部分教师不以为然，重考试轻讲评，搞形式主义。种种错误思潮的影响使试卷讲评难以落实，往往是公布标准答案、自我纠错、简单点评、敷衍而过。讲评态度之轻率、方法之片面略见一斑，同一类型的错误一错再错的现象屡见不鲜。提高师生对地理试卷讲评地位与作用的认识，强化讲评工作已迫在眉睫。

二、认真备课、落实讲评

地理试卷讲评应坚持因材施教、充分落实的原则。上讲评课时一般按以下步骤操作。

其一，整体评价、纵横比较。教师一般通过阅卷记录的整理总结出每次考试的宏观情况，如平均分、最高分、最低分、及格率、优秀率等；在有参照学校的情况下进一步对学生进行考试成绩的纵横比较，以便找出差距、明确方向、激发斗志。例如，上学期我们曾参加六校联考、南海区统考、惠州模拟考。教师及时准确地将相关学校的地理成绩告诉学生，告诫他们不要以重点学校自居、夜郎自大。当时的惠州模拟考可比性大、参考人数达数千人，我们班人均分数居各班前列，略高于南海中学文科普通班，但尖子生"今不如昔"。如此对比，既比出了学生的自信，也比出了自身潜在的危机。

其二，准确归因、突出重点。地理试卷讲评不是简单地对答案，而是针对学生考试的得失进行深层次的分析，找出错误所在、遗漏所在，然后对症下药。例如，讲评惠州模拟试卷时，首先根据阅卷记录进行问题筛选，不搞眉毛胡子一把抓，做到既节约时间又顾及效果，参照错漏严重的试题认真备课。一是分析学生出错的种种原因；二是考虑如何讲评才能让学生容易接受。通过对试卷排查，发现第一卷主要是第7、27、28题错误率很高。分析原因：前者是地方时、日出时刻与昼夜长短关系不明；后者问题在于对区域地理空间位置把握不准、胸中无图。第二卷错误集中在第31、34题，第31题主要表现为不能灵活运用太阳高度计算公式推出相关参数，准确绘制日照图；第34题失分的原因是缺少对时事热点的了解，如泛珠江三角洲的相关内容。此外，材料题审题不严、答题不全的现象也较普遍，如将新能源与常规能源混为一谈，误认为惠州市布局音响集团的主导区位因素是接近市场等。针对上述情况教师一一予以剖析，坚持以学生弄懂为原则。

其三，变式练习、巩固提高。我认为：地理试卷的讲评类似于学生平时的练习评议与知识点拨课。为强化知识学习，教师除就试卷内容进行评讲分析之外，有必要补充相关模拟训练，以达到趁热打铁、巩固提高的目的。教者常常从《五年高考三年模拟》一书中精心选择学生知识相对薄弱、错漏频率高的习题加以补充，如日照图绘制、气候成因分析、区位优势举例、布局类型特点、时事热点问答等重点内容。这样既是亡羊补牢，又是高考模拟，可谓切实可行、一举两得。

其四，个别辅导、督导反思。地理试卷的讲评见仁见智、不一而足，很多教师习惯于讲大课、走过场，学生学习的实际效果则难以保障。对此，我有与众不同的做法，多年来在试卷讲评工作中一向重视学生的个别辅导与后记整理，注重学生个案的分析与研究，有的放矢地实施教育。为达到这一目的，平时阅卷形成了这样的习惯：在学生的试卷上撰写"眉批、尾批"，设法引起学生的高度注意。"卷面马虎""审题不清""以偏概全""基础薄弱""勤能补拙""进步显著""为何滑坡"等简洁的批语在学生试卷中随处可见，影响非凡。利用闲暇时间逐一将试卷发放到学生手中，耳提面命地分析得失，指明方向。强调学生写好考试反思，正确引导他们扬长避短，将问题各个击破。此外，条件允许时对部分学生的试卷进行面批面评也不失为一种有益尝试。实践证明：这样做辛苦了教师，方便了学生。因而，不少学生第一卷准确率提高了，第二卷成绩上升了，学习积极性也高涨了，地理教学的新局面随之形成。

三、加强教改、深化讲评

地理试卷讲评是一项值得研究与开创的教学活动，作为一名既对学生负责又不懈追求的中学地理教师，不仅要在基本讲评方法上下功夫，而且要处处留心，尽量避免常规错误的再现，努力提高试卷讲评的效率。

1. 注重学生主体

引导学生主动做好考卷分析，让学生在实际操作中注意以下环节。

（1）找到对应的考点，甚至具体到哪一章哪一节哪个知识点。例如，剧烈的太阳活动产生的太阳风吹袭地球，可能引起：A.人口迁移加快；B.风力电厂增产；C.生活耗能降低；D.卫星导航失效。要求学生在试题旁边写上——考点定位：太阳活动对地球的影响；知识梳理：将太阳活动对地球影响的几种情况列举出来；错误原因：如知识遗忘；自我补救：看必修1第1章第2节第10~12页内容。

（2）选择题部分要求分别写出正确选项与错误选项判断的理由、依据。例如，2012年7月27日伦敦奥运会开幕，下列伦敦（北纬51°3'，西经0°07'）地理现象真实是：A.受西风带控制；B.昼短夜长；C.炎热干燥；D.正午太阳高度达一年最大。要求学生在试题旁边写上——A项正确：伦敦位于40°N~60°N大陆的西岸，全年受西风带控制；B项错误：7月27日，太阳直射北半球，北半球昼长夜短；C项错误：伦敦属于温带海洋性气候，全年温和湿润；D项错误：6月22日，北回归线及以北地区正午太阳高度达一年最大。

（3）综合题部分要求写出：①从图文材料中获取的信息；②联系、调用的知识点；③答题思路，找到答案的来源；④按自己的理解来表达；⑤对照答案纠错。

（4）分析做错的原因。

（5）自我补救措施。实践证明：学生认真做考卷分析能产生出乎意料的效果，值得我们在教学中大力推广与实施。有利于学生回归课本，梳理知识点，促进自主复习与巩固；寻找答题诀窍，克服恐惧心理；查漏补缺，针对复习，提高效率；养成严格审题、获取信息的习惯，强化解题能力。培养学生的创新意识使学生真正成为讲评课的主人，进而获取知识、发展智力、培养能力。

2. 注重拾遗补阙

考查学生知识点的缺漏，是终结性考试的目的之一。造成知识点漏缺的主要原因是学生未能建立完整的知识与技能体系，对课堂所学知识不胜理解或灵活迁移能力差。因此，教师在实施试卷讲评时，应根据试题内容，针对不同情况，设计补偿性题目，如下列选择题。

以下各项叙述正确的是（C）。

A. 经度相同的各地的日出时刻相同

B. 太阳直射赤道时，全球都是秋季

C. 当地轴与黄道平面的夹角变大时，我国冬季温差变小

D. 北半球一天中太阳高度最大的时刻就是气温最高的时刻

本题主要考查地方时、太阳高度、气温、昼夜长短、四季的变化，虽然比较简单，但大多数学生错选B或D。分析原因：一是教师在讲课时对相关知识类比分析不够；二是学生头脑中没有形成知识链条，推理能力欠缺。教师通过试卷讲评开展有针对性的补偿性教学，既能弥补学生知识点上的漏缺，又能培养细致严谨的思维品质。

3. 注重知识联系

地理试题受考试卷面、时间的限制，考点只能选取代表突出重点、无法面面俱到。教师讲评时应以"点"带"面"呈现知识体系。因此，讲评内容要尽量反映地理知识的前后联系，体现地理事物的成因、分布和规律，达到举一反三的目的。

例如，讲评"欧洲西部主要气候类型的成因"这一问题时，教师必须引导学生从纬度位置、海陆分布、大气环流、地形地势、近海洋流的影响等入手，分析各要素对气候的影响，进而得出"全年温和湿润，为世界上最大温带海洋性气候区"的结论。这样不仅培养了学生联想思维能力，而且增强了系统知识记忆的效果。

4. 注重技能培养

考试能促进思维，开发智力，培养学生综合分析问题的能力。现行中学地理试题一般分为选择题与非选择题两部分，其中选择题着重考查学生的判断分析能力，非选择题侧重考查学生的识图能力、综合能力、语言表达能力。第二卷的非选择题在历次考试中约占60%的比例，但得分率偏低，因此应特别强调学生提取背景材料中有价值信息的能力与综合分析规范表达能力的培养。试卷讲评应注意在发展学生的这些能力上多做文

章。例如，一幅中东地区的政区图能给我们带来哪些信息呢？假如你是命题者可以从何处设问呢？作为学生又应该怎样回答这些问题呢？在讲评其中波斯湾地区石油合理运输方式与线路时，我一方面引导学生在插图上找答案；另一方面在黑板上快速画出输油线路简图，让学生"看图说话"。这样既巩固了相关知识，又提高了识图能力。

5. 注重表述规范

每次考试，总有相当多的学生因非智力因素失分，这是我们在讲评时应该特别提醒学生注意的地方。非智力因素的种类很多，有效调整之后提高空间很大。例如，有麻痹大意看错题目造成的，有写字潦草、卷面马虎造成的，也有不按要求随心所欲造成的。有些学生做选择题不在规定的地方填写答案，单选与双选不分，填涂答题卡片错位；做非选择题字迹不清、要点不明、表达不准，甚至错别字成堆，如铁路枢纽"郑州""株洲"中的"洲、州"混淆等，类似问题在地理试卷讲评时教师必须予以强调，该批评的要批评，绝不姑息。有必要时还可以找出典型试卷，让学生传看评议，努力培养学生良好的答题习惯。

（本文发表于《佛山教育》2004年第6期）

例文六：对中学地理集体备课再审视

论文导读：集体备课是学校常规教科研活动的必要选项，也是学科组、备课组的第一要务，更是利用教师群体智慧保障学科教学质量全面提升的重要举措。作为头等大事，其重要性不言而喻。在现实教学中尽管老生常谈，高频运作，但目前形式主义、高原现象突出，所表现出来的问题仍然不少，如何走出误区，突破瓶颈，开拓创新，务实高效是本文写作的起点与归宿。

集体备课是以教研组为单位，组织教师开展集体研读课程标准和教材、分析学情、制订学科教学计划、分解备课任务、审定备课提纲、反馈教学实践信息等系列活动。目前集体备课已成为学校教研活动中的"重头戏"和"亮点"。集体备课作为教师合作研讨的一种有效形式，对于发挥教师团队合作精神、集思广益、取长补短具有不可或缺的作用。尤其是在新课程改革刚刚起步的今天，教学中还没有现成的经验可循，集体备课可以有效地避免教师个体研究势单力薄的情况，发挥集体智慧的作用，最大限度地减少教学中的不足和失误。更是我们教师研读新课标、实践新教材，实现自我成长的有效途径。

中学地理集体备课同样如此，目前已蔚然成风，但是由于部分地理教师对集体备课缺乏足够的认识，使得这一教研活动还未能取得应有的效果，换来的只是形式主义背景下如何提升教学质量的困惑。从某种意义上讲，中学地理集体备课已进入误区……

其一，视集体备课为"教案设计"

许多教师把备课当成写教案、找教案、抄教案，自然就把集体备课当成集体修改教案了。不可否认，准备教案是集体备课的一个主要组成部分，但集体备课不能局限于此。除了进行教案设计以外，集体备课既可以反思教学，也可以总结经验；既可以剖析案例，也可以探讨方法，这些都需要教师资源共享深化。如果将集体备课等同于设计教案，就会导致许多需要解决的问题难以进入集体备课的视野。时下最常见的做法是：备课组为了应付检查，将新教材的各章节平均分给了同年级的各位任课教师，由各任课教师分头撰写教案，完工后交给备课组长，备课组长将其装订成册，谓之"集体备课"。其实这仅仅是将参差不齐的个人教案整合，缺少科组同行之间的共同交流、探究与合作，集体备课等同于各任课教师备课"教案之和"。为此，有的科组要求教师利用假期，提前完成下一学期的部分或全部课程备课任务，开学后统一放到学校教学资源网上交流，教学时教师自行参考。这种"承包式"的方法虽然大大"减轻"了教师的备课压力和负担，但违背了集体备课的初衷与本质，没有了教师的共同参与和讨论，更谈不上教师心灵的碰撞和集体智慧的结晶，成了"挂羊头，卖狗肉"的虚假运作，有形而无实。

其二，视集体备课为"资料拼盘"

目前正值信息时代，新的教育教学成果在网络上不断地涌现。教师只要通过相关链接访问专业网站，就可以看到不同地区的课例与相关资料。另外，国家级、省级、市级、县级的教研机构几乎都创办了各学科的教学研究杂志，有些地区还有各个学校的教学资源库。这些网络资源铺天盖地几乎囊括了优秀教师的教学成果和特级教师、教育专家的精选备课资料。教师只需输入关键词，点几下鼠标，就可以轻松下载了。大多数教师困惑，这些优秀教学资源为何不直接采用呢？为此，备课组为了快速完成集体备课，减轻教师负担，实现教师"自我解放"，利用现代教辅资料与信息技术的优势，由各位任课教师分头进行"书刊剪贴""在线查找"，在此基础上将各家教辅资料、教育网页中与新教材相匹配的教案"成功复制"。全然不顾内容是否切合自己教学的实际，没有取舍，没有加工，"捡到篮里就是菜"。虽然资料来源丰富多彩，但相对比较凌乱粗糙，使用价值不大。这种"简易拼盘"其实奉行的是"拿来主义"，教师参与创造的成分极少，有名无实。

其三，视集体备课为"权威垄断"

在集体备课中，研讨本该是全员参与、集思广益，但实际操作中普遍变味，往往由"权威"说了算，集体备课成了组长或老教师唱"独角戏"的场所。集体讨论时，大多数是组长或老教师发言，年轻教师很少参与其中。于是，有人认为，集体备课是组长或有经验的老教师的天下，年轻教师的话语权极小，是一种明显的教师间的不对等行为。"权威"的个人意志代替了集体意见，抹杀了其他教师的创新精神和个人智慧，集体备课名存实亡。试想，一孔之见又怎能取代群体研究的成果呢？究其原因，主要有三个方面：一是"权威"的表现欲相对强烈，主动控制了集体备课的局面。二是大多数教师无"备"而来，习惯由主备人提供教案、课件，供全组教师使用。集体备课在一定程度上培养了一批备课的懒汉。三是由于组内成员较少、师资结构参差不齐，民主气氛不足，部分教师沉默寡言，很少有人提出缺点、疑义或不同意见，出工不出力。很明显，这种集体备课严重缺少互动、碰撞的"灵魂"。在一定程度上忽略了集体智慧的生成与发挥，同时也制约了集体备课的有效开展。

其四，视集体备课为"模式教育"

教师拿了主备人的教案、课件，"唱同一首歌"。教学上统一教案、统一教学方法、统一学生作业，把大家往一个笼子里赶，扼杀了一些教师的教学思想和个性。集体备课过分强调整齐划一，忽略教师的个体差异与教学风格的做法是绝对错误的，集体备课的主要任务是确定教学基调，而不是大搞形式主义，固化模式，作茧自缚。真正成功的课堂教学特别需要教师的第二次个性化备课与深度加工，教学是一门特殊的艺术，学生希望有百花齐放、万紫千红的多彩课堂，更欢迎个性张扬充满人格魅力的教师传道授业解惑。无独有偶，在课堂教学检查中发现上课一样的导入，一样的语言；一样的讨论，一样的习题，一样的过程，一样的曲调。听课教师不觉有点纳闷儿，为什么几节课如出一辙呢？这显然是将集体备课后的"成果"原封不动地搬进自己的教室。这不得不让人疑窦顿生，难道集体备课就得机械照搬，甚至不能越雷池半步，不能有自己的教学个性和创新思维吗？殊不知，因材施教就是我们从老祖宗那里不断传承下来的，充满生机且放之四海而皆准的教育教学精髓。

集体备课≠统一教案，集体备课要求在教学思想、重难点处理、教法学法、训练检测等方面做到基本统一，这并不意味着从备课形式到教案内容都高度一致。

其五，视集体备课为"白玉无瑕"

有人认为集体备课体现的是集体智慧，似乎无懈可击，因而无须反思与改进，如前所述，集体备课同样存在种种问题与误区。集体备课由于受成员人数与素质、经验的影响，在探索前进过程中难免出现不尽如人意之处，主要表现在：重视教师教法，忽略学生学法；重视课前备课，忽略教后反思；重视形式上的程序推进，忽略有效的监管与改进。显而易见，如果没有集体备课的后续反思就会故步自封、贻害无穷。只有通过不断全方位反思，才能及时发现问题、解决问题、走向成功。有的教师虽然有所反思，但在集体备课的反思过程中，只停留在一般地回顾"我是怎么做的"上，缺失从理念的高度对自己（或他人）的教育教学行为和决策进行全面审视、分析，使反思停留在局部或表面。如何指导教师创造性地备课、教学及反思，提高教师的研究能力，是非常重要的。从检查情况看，教师的反思缺乏现实性，缺少思维的火花。备课组长对集体备课操作方法和组织方式的反思也明显不够，在教育活动过程中，只记好的教学方法、好的课堂结构、好的教学措施等，严重忽略学生教学中的创新思维、突发事件、成败与得失的分析等。教师懒得对集体设计和自我实践进行反思，缺少辩证而理性的探索与研究，过分夸大集体备课的优势，可谓自欺欺人。现实教学中迷信集体备课，墨守成规，缺乏教学反思与创新意识及思维习惯的教师并不少见。

面对中学地理集体备课存在的各种误区以及由此带来的负面影响，我们必须保持高度警觉、迷途知返，并采取有效措施明辨是非、拨乱反正。那么，我们应该怎样努力走出集体备课误区呢？我认为可以从以下几个方面下功夫。

第一，全面认识，驾驭要领

集体备课理应是教师个体思维的碰撞，是教师思想与情感的沟通，是教师共同智慧的结晶。它不是各备课教师的"教案之和"，不是一人说了算的"家长制"，更不是各种资料的"下载拼盘"，更不是"标准答案式"的教学方法、教学手段、教学流程。集体备课应该是本组教师坐下来共同商讨如何突出重点、突破难点，如何使新教材最大限度地发挥作用，在教学中培养学生的创新精神和实践能力，凸显学生的主体地位，真正体现课改精神，这一切都必须是以本校、本班学情为背景。在集体备课中，应充分发挥各自的聪明才智，可以是和风细雨的述说，也可以是面红耳赤的争论。集体备课始终离不开教师的全员参与和共同研讨，否则只能是"绣花枕头"，中看不中用，既不利于教师业务水平和能力的提高，也不利于学生的成长发展。

中学地理集体备课的目的是让教师就某一教学内容进行讨论与研究，发挥集体的智慧，以期在思维的碰撞中产生更多的火花，帮助教师加深对教材的理解，拓展教学思路，通过相互借鉴启发，集各家之长，避自己所短，"庇千山之木于一台，汇百家之流于一体"。集体备课过程中对相关章节要领的把握十分重要，如高中地理必修3"4.1 区域农业发展——以东北农业发展为例（第一课时）"，其教学要领主要体现在以下几个方面：教学重点——理解东北地区农业发展的利弊因素与东北地区农业布局特点。教学难点——学会辩证分析影响农业的区位因素。教学方法——注重利用身边有用的地理素材，适当采取案例分析法、比较法等实施教学。真正的教学设计还需要执教者在集体备课的基础上再来一次归纳、提升和创造。"教学有法，而无定法"，由于各班学生都有其特殊性，教师也各有自己个性化的教学风格和特长。为此，在具体的课堂教学中，教师应结合本班的实际，充分发挥教师的主观能动性，在集体备课的指导下，结合自己的"匠心独运"，因地制宜地采用最为合理而有效的手段和方法施教，创造性地设计拓展，要"统分结合"，而不能"一调到底"，防止出现"千人一面"的模式和格局。这样才能更好地体现自己的教学个性，更好地适应学生的学情，使教学过程真正达到最优化，既发展每一个学生，又成就每一个教师。

第二，个人钻研，夯实基础

一个带着思考和问题意识去教学的教师最终会成为一个教有所成就的教师，一个学生喜欢的教师。集体备课追求的是信息的交流和思维的碰撞，因此，集体备课要在参与者对集体备课的内容有充分的思考和酝酿的背景下进行，要让教师个人带着思想、思考、思路去参加。这样，集体备课才能兼收并蓄、凝结智慧，最终提高效益。

中学地理集体备课前，先明确任务，布置教师对集体备课的内容，从学生学的角度进行个性化的解读和思考，找准学生的最近发展区，吃透教材，初步形成自己的个体教案。一是走进教材。教师专心研读教材本身，从学生的角度去反复研读课标、教材，查阅相关的教辅资料，直至充分理解、准确把握，并有自己的个性化理解。二是跳出教材。就是以学生的学为中心，引导学生去探究、思考和发现，要综合考虑如何落实教学目标。"区域农业发展"一课的三维目标是：①理解气候条件、地形条件、土壤条件、社会和经济条件对农业生产有哪些有利与不利的影响。通过对比和分析，理解东北地区农业布局的特点。②掌握阅读地理图表的技能和辩证分析问题的能力。③认识到人类的生产活动要尊重自然规律，也要认识到人类的主观能动性。这就要求我们每一个成员首先要在吃透教材的基础上，善于多渠道收集整合相关信息，完成自行备课工作。

集体备课一般采取集中讨论与个人钻研相结合的形式。个人充分钻研是搞好集体备课的前提，这大概就是"功夫在诗外"。只有这样，备课组成员之间才能产生共鸣、达成共识。集中讨论时，组长要善于引导，把大家的积极性都调动起来，使个人钻研为集体备课打下良好的基础。

第三，集中研讨，凝聚智慧

新课改强调的是教案"草稿"完成后，需要把集体备课的功能定位由以设计教案为主转向重在研讨解决问题为主。从而形成观点交锋、百家争鸣的局面，真正促进教师专业成长。当然，集体备课集中研讨的形式可多样。

其一，说课试讲型。以"说课"落实和优化备课的内容。具体流程：一是主备人主讲所备内容，说课标要求、内容特点、学情分析、教学目标确定、教学过程、教法学法、教学资源的开发和利用、教材的整合、教学计划、习题筛选等，并说出依据，即说出为什么要这样设计。二是其他小组成员展示初备的成果，发表补充意见，对主讲人的备课方案给予肯定或提出异议。三是主备人综合集体的意见，确定每个环节的最佳教学方案，对主备教案进行修订，形成具有群体智慧的、达成共识的共享教案——集体教案。

其二，要点突破型。若眉毛胡子一把抓，就会因为备课没有重点、面面俱到而分散火力，难以达到预期的效果。有效的做法是取其要点，备细备精。

比如高中地理必修3"区域农业发展——以东北农业发展为例（第一课时）"一课，涉及理解农业的主要区位因素，学会因地制宜地科学建构不同农业类型与区位选择的思维模型，从而培养学生综合思维能力。备课组经过激烈讨论，基本达成共识。通过设计两个问题，结合案例分析，师生合作探究来解决。（案例略）问题：①从农业区位角度辩证分析东北农业发展的条件。②结合东北农业生产主要类型分析东北农业布局的特点。如此重点突出的集体备课，大家感受到了共享、共进的乐趣。

其三，名师导航型。选择单元的重点章节分工开设精品课。由名师代表超前主备或者依据设计上课，备课组成员听课评课的教研活动。其主要目的是尽量发挥名师的示范、引领、辐射作用。当然也不要过分迷信权威，应该客观评价、各抒己见，不断改进完善教案。例如，我们学校每个学期开展的名师示范周教学教研活动，对年轻教师影响相当大。

其四，同课异构型。同课异构可以更好地比较不同的教师对同一教材内容的不同处理方法。比较不同的教学策略所产生的不同教学效果，更容易引发集体备课参与者智慧的碰撞，体现教师教学个性，明显提高集体备课的效果。上学期，高二地理备课组开展了"区域农业发展——以东北农业发展为例"同课异构活动，备课组先在组内集体备课，确定教学要点，再由两位教师分别按照传统教法（讲授法）与创新教法（探究法）重新设计教案上课，然后组织科组教师积极讨论。这样多层面的合作、交流、提升的教学研究模式效果明显。

第四，求同存异，稳中善变

新课改要求教学以学生为中心，注重个性化和多样化，以促进学生个性的发展。教师和学生对教材、知识的理解受到自身的知识经验、生活阅历、文化基础等多种因素的制约，教师的备课应依据不同班级的学情设计教案，突出个性化的风格特色，避免统一化，以适应学生个性化发展的要求。特级教师魏书生说过："一个教师，应当像蜜蜂一样，在教法的百花园中到处采集于自己有用的花粉，回来酿造自己课堂教学的蜜。"求同存异应该是集体备课的思维导向。

集体备课允许教师在明确统一目标、要求的前提下转向设计多条路径、提出不同方案，鼓励每一位教师从自己和学生的实际出发，对教案进行修改补充，甚至再创造。具体做法是在集体备课的基础上，狠抓"二次备课"的落实，倡导个性设计，每位教师根据本班学生的实际情况对集体备课教案做深入的推敲、斟酌和研究，修正自己的备课教案，融入自己的教学风格，这样既能发挥集体的优势，又能彰显教师的个性和特点，从而形成真正满足学生多样化教学方式的需求。

从培养新教师的角度出发，应适当给新教师压压担子，让他们也当"中心发言人"，采取"青蓝结对"的方法，加强帮扶、逐步放手，这无疑是一种有益的改革与尝试。

例如，对"东北农业发展条件"的分析，在教学中设计有两个不同的活动方案。

（1）列表比较东北农业发展的地理条件（提示：从主要农业区位与区位评价两个方面比较）（学生自学完成，小组讨论并修正）。

（2）结合东北农业特色，分析回答下列问题（学生分组讨论，教师参与点评）。

① 东北大米因质量优而广受市场欢迎，这与气候条件有什么关系？

② 与我国主要农业地区相比，热量条件是东北地区的劣势，但是也可以认为热量条件是东北地区的优势。试分别举例说明。

③ 地形和土壤条件对农业布局有何影响？

④ 在社会和经济条件方面，东北有哪些优势？

教师点评：在影响农业生产的区位因素中，最直接的因素是自然因素，尤其是气候条件。但是一个地区的农业生产还要根据当地社会经济条件和生产力发展水平、主要农业部门或作物的经营特点去综合评估各种条件的优劣以及相对的利用价值。

活动1：立足教材、突出基础、浅显易懂，学生在教师引导下，通过自学可以完成任务，但区位评价有一定的思维难度。该活动适合在习惯于传统教学且学习能力一般的班级开展。

活动2：用案例教学创设情境，并提出对学生有吸引力、思维值较高的问题来设置，契合学生的认知心理与辩证思维发展的需求，激发学习兴趣，开发智力潜能，为学生搭建"探究"的平台。该活动适合学习能力强的班级学生来完成。

第五，深刻反思，不断完善

"反思"即是对自己教育行为乃至教育细节的一种追问、审视、推敲、质疑、批判、肯定、否定……我们只有通过反思、解剖自己的日常教育实践，才能不断超越和提升自己的教育境界。如果说课前的精心准备能保证上好一堂课，那课后的教学反思能帮助我们一辈子上好课。因此，集体备课不仅要注重课前准备，更要落实课后的反思。就学校层面而言，也应该积极作为，加强对集体备课的规范监管，激发教师的内驱力与创造力，确保备课的科学性与实效性。学校可将集体备课纳入检查和评估，除建立健全各项规章制度外，还应成立领导小组，有专人定期或在事先不告知备课组教师的情况下直接参加集体备课或听评课活动，随时监督和指导。集体备课要按"集体研讨—分工备课—验收检查—形成个案—交流反思"五个环节来进行，积极引导新老教师有效配合，集思广益，取长补短，共同提高。此外，还应不断改革现有的评价制度，进一步激发教师的备课热情。评价时不仅要注重评结果，而且要侧重于评过程，将教师能否积极参与集体备课，是否在集体研讨时发表有个性的见解，能否博采众人之长并运用到自己的教学实践等"系数"纳入考核机制，做到制度和人性有机结合，努力提高集体备课的实效性。同时，对教师在课堂上的创新给予积极的肯定，并鼓励他们尝试多种教学方法，不断完善教学行为，形成富有个性的教学特色。通过总结、归纳，提升个人工作经验，更好地体现教学个性，适应学生学情。总之，教师要不断使集体备课由被动督促内化为自己的自觉行为。使教师在相互借鉴、相互启发、互利互惠的共同作用下，真正优化教学过程，进而达到既发展学生又成就自我的理想目标。

教学实施后，教师还要将备课时的初衷与课堂的实施做一番回顾和比较，对教学目标的达成度、教学策略是否得当、学生的主体地位是否得到足够的尊重、课堂生成处理是否妥当、问题设计是否有意义、情境创设是否到位等教学内容、教学过程、教学效果进行再思考、再认识，并及时把启发、瞬间的灵感、困惑等用教后札记的形式记下来。如果不能及时记录，就很容易使好的经验丢失在奔跑的路上，而这些困惑、心得正是我们教师业务能力前进和专业化发展的每一个阶梯。

就一节中学地理课的常规教学而言，我们可以做出如下反思。

（1）这节课预设的教学目标是否达到？如果达不到预期如何改进？

三维教学目标是教学的出发点与归属，教者必须思考课堂教学中是否有语言表达、思维导向、节奏调节等方面的问题，并思考如何改进。

（2）这节课课堂气氛如何？如果达不到预期，是什么原因？

课堂气氛包括师生双方的态度和精神状态，它可以直接影响教学效果。教师不允许把不良情绪带进课堂，上课必须准备充分、思路清晰、情绪饱满。学生应该阳光开朗、认真听讲、积极思考、畅所欲言，让自己快乐学习。

（3）这节课在教材教法方面还可以怎样改进创新？以后教学如何扬长避短、有所突破？

教学有法，但无定法，教学工作是一项既要继承传统又要不断创新，同时充满机会与挑战的事业，我们每一个教师理应在突破瓶颈、开创有效教学或者说高效教学新局面上痛下功夫，争做教学改革的排头兵。

通过反思共享，探寻解决办法。随着反思活动的深入，教师反思也由个体反思向合作反思发展。合作反思主要融会在校本教研活动中，为保证新课程理念的进一步落实，为使教学质量的进一步提高，我们要求各备课组统一教育观念，坚持"一切为了学生的发展"的指导思想，以"激境—自主—创新"课堂教学模式的研究与运用为重点，努力实现教学高质量、课堂高效率。有时候，在一位教师教学过程中出现的问题，可能在其他教师的教学过程中也曾出现，今天出现的问题可能明天依然存在。实践证明，在全方位反思与共享的基础上集思广益，对问题的解决提供多种途径，非常有利于组内教师在以后的教学实践中扬长避短，实现专业发展。

当然，集体备课的效果优化和氛围营造等还需要制度建设作为保证。当前，教师之间存在学科考核和评优的竞争状况，不得不让他们有所保留。要达到教师之间真诚合作、毫无戒心的集体备课，实在难以做到。如果以备课组为单位进行考核和评价，重在评价过程，全面考核该教师能否积极参与集体备课，能否深入钻研、提出有价值的问题，能否博采众人之长，运用于自己的教学实践。这样，"各人自扫门前雪"现象就可能从根本上得到改变，集体备课一定会焕发出更加迷人的人文风采，折射出更加璀璨的理性之光。

参考文献

[1] 王振强.集体备课热的"冷"面观 [J].中国学校体育，2007（11）：40-41.

[2] 李树国，常荣.改进集体备课操作方式引领校本教研深入开展——关于集体备课的尝试及思考 [J].中小学教师培训，2006（1）.

[3] 许兆宏.基于网络环境下教师集体备课的尝试 [J].中小学信息技术教育，2007（5）.

[4] 王高权.对集体备课的理性审视 [J].中学地理教学参考，2010（10）：9-11.

（本文发表于《中学地理教学参考》2012年第12期）

例文七：走出新课标背景下中学地理作业的误区

论文导读：学科作业是常规教学的重要环节，其主要功能在于巩固知识、测练达标、提升能力、学以致用。到底如何设计情境新颖、设问别致、思辨力强的课程练习，达到训练双基，纠错改进的效果是广大师生比较棘手的问题。本文以中学地理作业为例，从认知误区与创新设计两个方面予以论述，目的在于探索新课程背景下学科作业设计多元智能开发新模式。

地理作业是中学地理教学的重要环节，是学生巩固知识、运用知识解决问题的重要途径，也是教师教学反馈的重要手段。然而，由于认识上的偏差，不少教师把作业的功能仅仅定位在巩固知识和强化技能上，认为完成作业只是为了更好地在考试中取得好成绩。因此，布置的地理作业内容多为教材内容的简单重复，封闭僵化，在形式上也显得机械呆板，只注重格式规范统一，强调死记硬背和机械训练。多以填充或选择题形式出现，一旦遇上综合题或开放性试题便茫然不知所措。这样的作业压抑了学生的个性，忽视了学生的学习兴趣与主动性，其结果是增加了学生负担、削弱了练习效果。

新课程下的作业功能不仅应体现在基本知识、基本技能的巩固与检查方面，而且应表现出过程与方法的调整和提高，体验与实践的深化和延伸。单一作业策略已不受学生的欢迎，更不能满足课改实施的需要，严重制约着学生的全面发展。为此，应探索出新的中学地理作业策略，以实现教师、学生和谐全面的发展。如何在新课程标准指导下让全体学生生动活泼、积极主动地发展，成为有健全人格、有创新精神的合格人才，我认为地理作业的设计是一个非常重要的环节。德国教育家第斯多惠指出："我以为教学的艺术，不在于传授的本领，而在于激励、唤醒。没有兴奋的情绪怎么激励人？没有主动性怎么能唤醒沉睡的人？"

实践证明，新课程的地理作业已不再是课堂教学的附属，而是重建与提升课程意义及人生意义的重要内容。地理作业应成为学生课内外的一种生活过程和生活方式，只有让学生在作业过程中体验成功的喜悦与研究的艰辛，进而使学生对待地理作业的态度转变为一种生活态度，才能使地理作业成为促进学生终身发展的有效举措之一。

1. 地理作业的误区

对中学地理作业的认识正确与否直接影响着师生的教学行为，许多教师不能准确理解作业的内涵，许多学生也是抱着无所谓的态度加以应付，在作业操作方面存在许多误区。

误区之一：地理作业都是课堂之外的学习任务。

许多中学地理教师精心设计准备课堂讲解，生怕讲得不透，教师传授知识内容占据了极大部分课堂时间，为了检查学生消化吸收知识的情况，课后才布置用于巩固所讲内容的作业。从根本上讲，还是教学观念未能更新的缘故，主要表现为新课程背景下师生角色定位错误，对学生这一主体缺乏正确评估与诱导，甚至怀疑他们合作探索、解决问题的能力。

误区之二：地理作业必须采取书面文字材料形式。

一般认为，中学地理作业就是写在地理作业本上的练习题或填充图册上的填图练习或某种教辅资料上的相关训练。多年来大同小异，这种呆板的程式化练习丝毫激不起学生的兴趣，美其名曰为了考试，其实是彻底撇开地理教育中让学生体会自然与人文和谐之美的内容，背离新课程标准中学习对学生全面和终身发展有用的地理知识的理念。

误区之三：地理作业都必须按一种格式做同一内容。

长期以来，我们布置地理作业基本上是让全体学生按老师的统一要求完成，结果千篇一律、步调一致，这显然违背了以人为本的宗旨，忽视了学生个体的兴趣爱好与水平差异。试想，违背因材施教原则的教育能算有真正意义的教育吗？所以，中学生的地理作业理应体现共性与个性的和谐统一，千篇一律的作业模式是扼杀学生求异思维与创新精神的罪魁祸首。

2. 地理作业的设计

设计作业内容时，应从多角度切入，或温故知新，或启发理解，或比较综合，或诱导想象，通过设计地理情境问题来启发学生的思维，同时不局限于单纯的书面操作练习，重视除书面形式以外的练习模式，使练习不仅能达到检验学习效果、复习巩固提高的目的，还能起到举一反三、促进迁移的作用。新课程环境下地理作业设计应遵循两个基本原则，即符合新课程标准和体现新课程理念。因此，地理作业的设计应力求以课标为依据，从学生的生活实际出发，促使学生灵活调用已有的生活经验和知识储备，创造性地解决面临的问题。同时，作业的设计一定要体现个性化、层次性、趣味性、实践性、开放性和探究性的特点。坚决体现出新课程的理念，同时遵循如下原则：促进学生综合素质的全面发展，设计形式丰富多彩科学得体，设计内容体现基础性和发展性有机结合，创新作业多元评价体系，有利于教师的专业水平与能力提高。

中学地理作业到底如何设计呢？我认为具体方法如下。

其一，作业形式多元化

长期以来，中学地理作业以课堂作业为主，多为课堂上由学生独立完成。我们把布置给学生的作业按完成时间长短进行精心选择与分类：短期作业、中期作业和长期作业。

（1）短期作业——教师精心选择。短期作业主要由学生在课堂上独立完成，时间5～8分钟，它是课堂教学的自然延伸和补充，对于巩固、理解、掌握和深化课堂教学所学的知识及良好学习习惯的养成有一定的作用。作业内容主要由教师选择配套练习册上的部分作业及课本中"思考与实践"部分能迅速完成的作业。教师在选择过程中应尽可能避免单一重复式练习，做到少而精。此类作业每节课之后学生必须完成，以期达到及时温故知新的目的。

（2）中期作业——师生共同开发。学生可以请求其他同学或教师的帮助，时间为一个月。

中期作业的内容主要包括：①观测类，需要一定时期的观测，如观察并记录月相，测算正午太阳高度角、气象、物候观测等；②分析类，需要一定时期的理论思考，如关于"两小儿辩日"中太阳大小、距地远近、地面冷热等问题的分析；③查找类，需要上网或阅读等进行资料收集，配套的练习册上有很多此类练习；④收集类，如岩石的收集和辨别等；⑤制作类，通过制图来分析一些地理现象和规律；等等。

此类作业主要来自课本"思考与实践"中的内容，此外，还有教师的长期积累和学生提出的很多有价值的问题等。中期作业总量看起来很大，但事实上，每名学生每月需要完成的只有1～2题，而且每个学生的作业内容都不尽相同，都是精心挑选、因人而异设计的。实践表明，因这一类型作业量少、时间长，题目又贴近学生的日常生活，通常是学生较感兴趣的题目，所以效果很好。

（3）长期作业——学生自主选择。长期作业也称为专题作业，由3～5位学生自由组合成一个小组共同完成，时间为一个学期。作业的专题由学生根据一学期的地理教学内容自行选择，充分体现学生的自主性，教师可相应提供一些小课题，供学生参考。中期作业与长期作业之间无明显界限，若学生对一些中期作业题目感兴趣，也可鼓励其将之转化为小课题进行研究。

综上所述，三类作业相结合充分体现了地理学科综合性、开放性、实践性、地域性的特点，符合地理学科的课程理念。虽然作业名目增多了，但学生的学习兴趣却增强了。学生有了学习兴趣，也就有了表现的欲望与冲动。

其二，作业内容多样化

作业布置的个性化的确也使我的工作量有所增加，但如果这种尝试能够对学生发展有益，又何乐而不为呢？何况在个性化的批改中，我面对的已不再是千篇一律的作业形式，不再永无休止地机械式地打钩打叉，于我而言，又何尝不是一种乐趣呢？目前，我们适逢新的课程改革时期，应该更加主动地学习、探索、实践，走出过去地理教学的传统模式，展示全新的自我。让每一次地理作业都是师生交流的平台，让每一次作业都能激励、唤醒每一个学生的潜力，激发其学习兴趣和学习动机，使每一个学生都发出灿烂的光芒。

（1）再现真实情境，设计出贴近生活，注重实用和开放性的地理作业。地理和人们的日常生活是密切相关的，地理知识在日常生活中有很强的应用性。学习生活中的地理知识也是新课程所追求的目标之一。生活中的地理知识最能体现知识的实用和价值，也最能激发学生的学习兴趣和作业兴趣。

（2）挖掘教材资源，设计出具有层次性和可扩展性的地理作业。和以往的地理教学大纲不同，地理新课程标准在内容的表述方式上是以行为目标方式进行表述，具有很大的弹性。例如，一直以来被视为中学地理经典教学内容的"地球的运动"，在过去的教学大纲中有详细的知识要求，而在新课程标准中则被表述为"分析地球运动的地理意义"。要分析地球运动的地理意义，必须认识地球运动的规律和特点。"太阳日"和"恒星日"是表述地球自转周期的两个基本概念。

（3）提供相关素材，设计出具有自主学习和合作探究的地理作业。根据材料分析回答问题是近年来考试中最为常见的题型。素材可来自课本的改编材料，也可来自报刊的相关报道。这类地理作业侧重于训练学生的综合分析能力或对地理现象的评价能力。区位因素是最受人文地理关注的内容，也是中学人文地理考查的重点内容。

（4）设计具备学生个性差异的习题，提出不同要求，挖掘培养各种人才。

其三，作业评价个性化

《普通高中地理课程标准（实验）》指出：地理学习的评价，既要关注学习结果，也要关注学习过程，以及情感、态度、行为的变化；实现评价目标多元化、评价手段多样化、形成性评价和终结性评价并举、定性评价和定量评价相结合，创设一种"发现闪光点""鼓励自信心"的个性化评价机制，促进学生学习，提高教学质量，培养学生的创新精神和实践能力。

其四，作业批改灵活化

中学地理作业的批改主要方式有哪些？怎样提高效率？实践证明，主要有四种方式。要提高作业批改的效能，达到理想效果，四种作业批改方式必须交替进行：①教师发正确答案，学生自批自改；②教师发正确答案，学生互批互改；③教师全批全改，学生反思自评；④师生配合面批面改，尤其适应"培优补差"的对象。关键内容，教师应当全批全改或面批面改；一般内容，可由学生自批自改或互批互改。

（本文发表于《中学地理教学参考》2012年第5期）

例文八：中学有效教学的再思考

论文导读：有效教学强调教学的效果，目的在于通过切实可行的教学活动使学生获得具体化的进步或发展，如何理解并实施有效教学并非易事，本文从有效教学的内涵、原因、途径与问题等方面进行了多元阐述，目的在于探究怎样从常规教学中实现有效教学的突破与发展。

1. 有效教学的内涵与特征

有效教学的"有效"主要是指通过教师在先进教学理念指导下经过一段时间的教学之后，使学生获得具体的进步或发展。有效教学就是在符合时代和个体积极价值建构的前提下，其效率不低于平均水准的教学。教师通过对教学活动客观规律的遵守，利用尽可能少的物力、精力以及时间投入，获得尽可能高的产出效率与相对理想的教学效果，保证特定目标的实现，最终使社会以及个人的价值需求得到充分满足，以实现教学效益的最大化。

有效教学理念主要体现在以下几点。第一，发展性特征。其根本目的就是坚持关注学生的进步和全面发展：要求教师有"对象"意识，树立"一切为了学生的发展"的思想；要求教师有"促进学生全面发展"的理念，真正把关注学生的终身学习、全面发展作为奋斗目标，使教学行为在新课程标准下支持学生的个性发展。第二，开放性特征。灵活、富有弹性地开展教学，将教学计划仅作为教学行动的参考依据，教师在具体的教学过程中需要以教学情境为根据，针对教学行为进行灵活多变的选择和组合。第三，有效性特征。其要求教师有时间与效益的观念，教师在教学中即不能跟着感觉走，教学效益取决于对单位时间内学生的学习结果与学习过程的综合情况。第四，可测性特征。教学目标尽可能明确具体，根据学生的学业成就与教师的工作表现，进行科学的定量与定性、过程与结果的综合测评。第五，反思性特征。每一个教师都要不断地反思自己的日常教学行为："我的教学有效吗？""什么样的教学才是有效的？""有没有更有效的教学？"只有善于在反思中不断改进的教师，其教学效率才会大大提高。

2. 为什么要强调有效教学

有效教学源远流长，它是一种科学实用，有利于全面提高教学质量且前景广阔、潜力巨大的教学策略。然而,目前中学教学的现状令人担忧,存在的问题源于两个方面:一方面是教学内容与方法相对固化,在应试教育的大背景下,考试成了指挥棒,考试考什么,老师就教什么,学生就学什么。教师在授课过程中,一味抓住常规考点与历年考题"满堂灌",导致知识系统与应变技能的缺陷,严重影响教学效率。另一方面是紧跟潮流赶时髦,推行课程改革以来,诸多形式主义的误导,导致在新课标背景下中学课堂效率低下,学生课业负担加重带来新问题。

从观念层面讲,表现为两个方面的问题:①对中学课程教育认识不足,在实际操作中不能按课标规范开课,课时偏少、随意配备教师,"偷工减料"现象严重,导致教学效率低下。②相当多的教师缺乏对教材教法与考纲课标的深入探索,不能把中学课堂教学的关注点放在教材要点与学生主体身上,忽视知识与学生基础、淡化学科文化与教学目标。随心所欲、我行我素。

从操作层面讲,表现为两个方面的问题:①墨守成规、敷衍塞责,教学时"照本宣科"。学生学习是一个重要的"自我生成"的认知过程,在课堂上,学生要把教师传递的新知识同自己头脑中已有的"先验信息"进行比较、联想,教师讲得太多或脱离社会实践,导致喧宾夺主或味同嚼蜡。②课内训练不够,课外作业过多过难,增加了学生的课业负担。究其原因,在于地理课时分配偏少;一味强调自主、合作、探究教学,浪费了不少宝贵时间。

3. 怎样深入开展有效教学

怎样开展有效教学?整体上可以这样切入:千方百计激发学生的学习意向、兴趣,教师通过激发学生的学习动机,使教学在学生"想学""愿学""乐学"的心理基础上展开;明确教学目标,教师要让学生知道"学什么"和"学到什么程度";采用学生易于理解和接受的教学方式,有效教学的主体是学生,学生有无进步或发展是衡量教学是否有效的唯一指标。具体来讲,从理论与实践层面分析主要把握以下几个抓手。

(1)有效的课前准备

大凡成功的课例必有充分准备,备好课是上好课的前提。有效的备课必须体现出:①目标有效:清晰、简明。目标是方向,备课时制定明确、具体、科学的教学目标,围绕目标确立重点,优化教法,这样的课堂教学才会收到良好的效果。就中学教学而言,对课改推进中所提倡的"三维"教学目标,应该有整体的、准确的理解和把握;知识与技能是课堂教学目标的基础和载体,任何时候都不能淡化;注重学生认知的自我生成过程,学习方法的指导有利于提高学习能力;渗透情感、态度、价值观,引导学生在认知过程中端正态度,加强情感体验是德育的基本要求。②内容有效:适量、适度。一节课教师讲多少内容,并没有明确的规定。教师要遵循教育规律,科学地安排与搭配教材内容，不能贪多，也不能求少。③教法有效：灵活、恰当。新课程背景下除了要对"教"予以充分的重视之外，还必须致力于"导"，服务于"学"。

（2）有效的教师状况

教师是课堂教学的三要素（教师、学生、教学内容）之一。教师是最具生命力、活力、能动性的要素，在新课程背景下实施有效教学，必然要求教师不断提升自己的专业素质，树立先进的教学理念。教师必须以新观念来统筹新课程，不断丰富个人知识储备。现代教师一定要勤于学习和探索，只有不断地增加自身知识的厚度，课堂才能体现出教学的深度；同时还要具备良好的反思习惯。教师应在实践—反思—再实践—再反思的过程中螺旋式上升，实现专业成长。

从某种意义上讲，教学状态是提高课堂教学有效性的关键。在课堂教学中，教师全身心地投入是一种积极的态度，也是一种可以感染激发学生兴趣的内在激情，更是提高课堂教学有效性的灵魂。教师的激情主要体现在以下四个方面：①教师在课堂的40分钟内，思维要始终处于激活的状态；②教师在课堂上应具有高度负责的精神，一丝不苟；③教师在课堂上应具有主体意识，教学过程实际上是双主体互动过程，要纠正近年来所提倡的"教学要跟着学生的感觉走"的错误认识；④教师应有一副微笑的面孔，教师的微笑对学生来说，是尊重、是信任，是鼓励、是关爱，教师在课堂上成为"令学生爱戴的老师"。学生是否喜欢某一门课，在一定程度上取决于他是否喜欢任课老师，即所谓亲其师才能信其道。

（3）有效的学生态度

学生是学习的主体，课堂教学的有效性与学生的状态紧密相关。不可否认，近年在社会转型期，由于社会和家庭的负面影响，少数中学出现了一股厌学风。为此，教师应根据不同年龄性别差异创设相关情境，调整学生的状态。例如，发挥优秀学生的带动作用，通过展示、交流，形成榜样的力量，在班级中营造你追我赶、力争上游的氛围；让优秀学生和学困生结对子，倡导能者为师、互帮互学；创设民主、平等的气氛，鼓励学生团结友爱，共同进步；通过激发学习兴趣与学法指导，引导学生主动参与教学过程；通过开发校本课程和开展第二课堂，让不同兴趣爱好的学生有机会展示自己的潜能，从自信不断走向成功。

（4）有效的教学手段

有效的教学手段多种多样，其中课堂的有效组织是关键。一是语言组织准确、简练。教师一定要锤炼良好教学语言，增强语言表达的科学性、针对性、准确性，做到清晰精练、重点突出、逻辑性强。二是时间组织恰到好处。教学各部分的时间分配，教者在备课时应预计，讲课时要调控。课堂上不变的因素较多，教者一定要站在整堂课的角度来合理安排时间。教学组织要面向全体学生。一位好的教师应该得到全体学生的尊敬与爱戴，应该使所有学生都受益。在课堂教学中，各环节的安排要尽可能以全体学生的参与为基础。根据中学课堂教学简单、朴实的本质，主要教学策略包括：①注重问题引领。教师要善于根据教学内容创设情境，转化为富有启发性的问题，以"问题"激发学生的兴趣与思考。一堂好课应该在"问题"中推进，所谓上课，就是发现问题、解决问题的循环过程。在课堂上，教师应多与学生互动，鼓励他们多提问、敢提问，教师应在适当的时候加大课堂提问解析的信息量，根据教学内容的价值分层阐述，对学习比较优秀、学习能力一般、学习比较困难的学生适时调整方案，实行差异性教学，充分挖掘每一个学生的潜能；将教学问题与现实生活紧密联系起来，激发兴趣，指导他们对一些知识现象进行观察、实践、探讨、研究，从而使学生在合作学习中相互帮助、共同提高。②突出讲练结合。教师在上课前一定要充分准备能满足不同层次需求的训练内容，中学课堂教学在一定意义上讲就是以训练为中心，在训练中巩固和强化所学知识。课后练习不可少，但不在多，贵在精。提高练习的有效性就是要充分了解学情，因课设计练习，适当降低作业的难度，以增加学生的自信心和成就感；合理安排作业量，避免作业过多而产生厌烦情绪；灵活布置一些和学生生活环境密切相关的课后作业，学以致用，强化能力，拓宽视野。让学生在科学训练中思考问题、解决问题。③重视反馈及时整理。课堂教学反馈是师生之间、生生之间多向交流的过程。成熟的教师，站上讲台就有思想、就有智慧。这种思想与智慧需要教师及时捕捉来自学生的各种信息，通过分析，转化为有效的教学资源，从而引发新的学习。学生在形成系统认知的过程中，一个重要的环节是梳理已有的相关信息，教师要及时引导学生分析教学情况，查漏补缺，归纳总结相关知识，帮助学生完成系统化的认知过程。④合理使用多媒体技术。计算机多媒体教学是现代化教学的辅助手段，具有信息量大、节奏快、直观性强，易于感知的特点，合理使用可以大大提高教学效率。合理强调的是宜用则用，不宜用则不用。现实教学中却有一部分年轻教师一律使用多媒体教学，上课就像放电影，华而不实。我们在追求新生事物的同时切不可全然抛弃传统，传统教学源远流长，是中华民族教育思想的根基所在，不可忽视。⑤善于调整课堂节奏。课堂节奏就像是一首歌的旋律，直接影响课堂格调与效果，把握好节奏就能营造张弛有度的教学氛围。所谓让学生活跃起来就牵涉到节奏的调控技巧，活跃并非让课堂变得闹闹哄哄。学习心理学所揭示的学生认知的自我生成过程需要宁静的氛围，教师一定要给学生提供静静思考的时间和空间。上课是一个动态的过程，课堂上许多生成性东西不可预见，需要教师及时调控。面对课前没有估计到的教学问题，教师要根据课堂实际情况调整教学节奏与方法，改变既定教学环节，引导学生将注意力自始至终集中并保持在教学活动上。

（5）有效的教学测评

教学检测是教学不可或缺的重要环节，它是宏观驾驭教学质量的试金石。教学效率的高低主要通过教学检测来反馈，教学研究与改革也必须依靠教学检测的情况来推进。评价包括对师生教与学的双向评价，这里主要是强调对学生的科学评价。它不是对结果简单的肯定与否定，而是对学生思维的点拨。如何让课堂评价真正起到激励、引导的作用？首先，语言要饱含激励，用真情去评价学生；其次，减少简单确定性评价，倡导发展性评价，真正发挥教学评价的引导与促进作用。

总之，提高课堂教学的有效性依赖多种复杂的因素，是一个系统工程。必须将正确的备课观以及教学目标观树立起来，有效激发学生的学习动机，创设良好的教学情境，并且对学生的差异性予以关注，因材施教。教师必须善于学习、勤于反思、乐于改进；不断提高课堂教学有效性的过程，也就是教师专业化成长、不断提高驾驭课堂能力、增长教学智慧的过程。

4. 有效教学应注意的问题

（1）有效教学价值取向必须以努力实现理想中的事实为目标

价值即理想中的事实，价值一定附着在事实之中，同时超越事实，追求理想和意义。有效教学的根本应当是价值的追求，忽略价值的生成是教学的致命错误。当下人们对有效教学的价值认识与追求还存在不少问题。在现实中常常把价值归结为利益，并把单纯的利益作为理想的坐标，利益至上势必造成价值的缺失。问题主要表现在以下三个方面：其一，以"有效"代替"价值"，一般来说，有效的是有价值的，但是，"有效"只是一种价值形态，而非价值的全部。在某些貌似"低效"的教学中，"节外生枝"的插曲教学，表面上冲淡了课堂教学主题，却往往对学生带来某种出乎意料的启迪，产生无心插柳柳成荫的效果，有可能影响学生一生的发展。可见，不要过分拘泥于教学过程中狭隘的有效与无效目标，单调的价值追求并不可取。其二，以"有用"代替"价值"。"有用"的可能是有价值的，但绝不是价值的全部。在某些教师看来，"有用"成了"会做题、会应试、会得分"的代名词，显然这并非我们孜孜以求的素质教育的价值取向，我们教学的主体价值在于培养学生会学习、会思考、会想象、会质疑、会创新、会生存的综合素质（其中包括对考试"无用"的价值）。其三，重视工具理性，忽略价值理性。教学完整的过程应该是工具理性与价值理性的有机结合，强调工具理性就是突出效率与结果，忽略以人为本的终身发展思想，因而违背了教学原本核心的意义。

（2）有效教学的根本性变革必须以学生的主体性学习为核心

教学的根本性变革是以学生学习为核心，教育的目的在于使人成为他自己、变成他自己。现代教学应该使学习者成为教育活动的中心，然而现实教学中学生的主体作用大多停留在形式上，教师包办代替太多、学生自主学习太少，"让学生学习"做得很不够，有效主要体现在应试方面。为此，我们必须达成共识深化改革，学生学会学习是教学的核心，学生主动学习、创造性学习、愉悦学习，应该成为教学的最高境界和永远的追求，进而实现教学的本质回归。有效教学以学生学习为主体还要重视以下几点：一是构建不同的教学策略，根据少教多学、先学后教的理念灵活构建相应的教学模式，其核心是以学定教；二是以学生为核心不同年级应该有不同的做法，主张随着学生的成熟程度增加，允许给他们有越来越大的自由空间，真正体现因材施教的原则；三是以学生学习为核心离不开教师的正确引导，教学是一种要求师生良性互动的双边活动，教师的主导与学生的主体在教学活动中不可或缺，任何时候都不能轻慢或放松教师积极的主导作用。切记：学生的主体作用并不排斥与削弱教师的主导作用，反而要求教师有更高的教学智慧与稳健成熟的教学风格。教师最根本的成效是让学生逐步学会学习。

（3）有效教学必须以培养学生的创新精神和实践能力为重点

努力培养学生的创新与实践能力是教学根本性变革的主要方向和重点，在教学实践中却难以落实，其原因在于对学生创新与实践的认识不够深刻，一旦遇到麻烦就会产生动摇甚至偏移，当然也包括教学实践的具体方法与操作技巧。创新是民族复兴的不竭动力，教学改革必须自始至终贯穿这一灵魂，对于这一时代的主旋律教育工作者应该牢牢把握，不断增强教育创新的责任感与使命感。学生的聪明才智主要体现在创新潜能方面，教师应从培养学生综合素质的战略高度予以认识，用心呵护他们"幼稚"思维的火花，充分挖掘他们的创新潜能。在课堂教学中积极鼓励学生有自己的奇思妙想，善于引导学生进入自己神秘的思维王国。作为一个成熟的教师，还要善于营造"博学、慎思、笃行"的教学文化，让学生在学习中处于一种积极的"探究与愤悱"状态，经常用一种审视的眼光看待周围的一切，包括大胆质疑前辈的科学成果与历史定论，坚持科学、追求真理、反对个人崇拜、敢于挑战权威，用一种务实对话与科学态度去学习思考有价值的问题，努力培养适用并创造未来的人才。

参考文献

［1］查有梁.新教学模式之构建［M］.南宁：广西教育出版社，2003.

［2］安文铸.走进基础教育的真实世界［M］.北京：社会科学文献出版社，2005.

［3］崔允漷.有效教学［M］.上海：华东师范大学出版社，2005.

（本文发表于《新课程研究》2012年第5期）

例文九："田纳西河流域开发的自然背景"
一节教学策略

论文导读： *教学策略是教师经常面对且相对困惑的难题，教学策略的选取与实施情况能较好地体现教师的教学水平与教学风格，同时直接影响教学效果评价与目标达成程度，是每一位教师务必磨炼达标的基本功或关键能力之一。本文以"田纳西河流域开发的自然背景"一课的教学为案例，重点解析了教学策略的实施路径，观点鲜明，例证有力，行文简洁，有较强的说服力。*

1. 深切领悟课标要求

高中地理必修3注重通过案例分析认识区域地理的联系与区别，了解区域可持续发展面临的主要问题和解决途径。"田纳西河流域开发的自然背景"这节内容源于新课标高中地理教材必修3（人教版）第三章"河流的综合开发"第一节的案例材料。面对学生普遍感到陌生的区域地理，如何进行教学设计，充分体现教者的教改意图与特色呢？按照新课标的要求，第三章"河流的综合开发"（以美国田纳西河流域为例），其内容标准是：以某流域为例分析该流域开发的地理条件，了解该流域开发建设的基本内容以及综合治理的对策。为此特确定其教学目标如下：①观察地图建立流域和水系的概念，并总结归纳出流域的基本特点；②结合地理图表分析田纳西河流域开发的自然背景；③进一步了解田纳西河流域不同时期的开放措施和后果，分析流域开发的意义。根据课时安排，本堂课主要以实施目标①②为基本任务。

2. 认真选取教学内容

河流的综合开发是区域地理的一个重大课题，田纳西河流域的开发又是区域治理中一个十分成功的案例。为突出其自然背景，根据新课标学科知识系统性和科学性的要求：一方面必须了解有关流域与水系、干流与支流的基本概念；另一方面必须清晰地讲授田纳西河流域开发的自然背景。这样才能避免知识的断层，形成良好的知识链条。因此，我在选取教学内容时做了如下安排。

第一,学习流域与水系、干流与支流的基本概念(读图分析)。①从图中找出干流与支流、流域与水系及分水岭;②指出流域的特点(具有特殊性和整体性);③比较水系与水文特征(水系又称河网,包括干支流与湖沼,水文特征指自然水体运动变化规律)。

第二,田纳西河简介(浏览景观图片)。田纳西河位于美国东南部,是密西西比河的二级支流,发源于阿巴拉契亚山西坡,长1450km、流域面积10.6万km²,为亚热带季风气候,降水年际变化大。治理前常有水患,穷困落后,人均收入不到全国均值的一半,1933年实施罗斯福新政,开始治理田纳西河流域,多年实践成绩辉煌,举世瞩目,堪称典范。

第三,田纳西河流域开发的自然背景(读图分析)。①位置:位于美国东南部,发源于阿巴拉契亚山西坡,向西注入密西西比河;②地形:多山,地形起伏较大;③气候:独特的亚热带季风性湿润气候;④水系:相对复杂,各有利弊;⑤矿产:主要有煤、铁、铜、磷、锌、云母等。

3. 大胆探究教学策略

(1)课前导入、激趣引思

课前导入就像文章的开头,恰到好处才能产生抛砖引玉、引人入胜的效果。课前3分钟的内容如果能够与本节教学内容有机整合,既能激发学生兴趣,又能自然引起学生对本节学习内容的探究欲望。在本节课前,我精心准备了一段有关田纳西河流域开发的社会背景的图文材料,通过充满诗情画意的描述,让学生形象直观地感受田纳西河流域的昨天、今天与明天。

(2)精讲巧问、提升能力

从普遍教育规律来看,精讲就是要注意取舍,注重教学的交付,教师尽快地让学生自己活动起来,去获得知识和解决问题,把可以托付的教学托付给学生,而不是自己包办。巧问是问题驱动学习任务推进的一种形式,它既要求教师事先设计的问题有价值,又要求教师善于启发学生,让学生在学习过程中自然生成问题,并且教师能敏锐地捕捉到学生的思维火花加以引导。为此,在教学中精讲巧问、启迪思维、巩固练习,便成了这次教学工作的主要手段。开始分析地形特征时,抛出问题让学生讨论回答:田纳西河流域多山且起伏较大的地形存在哪些利与弊?

讲述气候特征时,设计的问题:①这种亚热带季风性湿润气候与中国的同类气候有何不同?田纳西河水量的季节变化有什么特点?②田纳西河气候条件对农业发展有什么影响?如何利用(独立思考个别回答及时讲评)?学习"水系"这个知识点时,在教师简要介绍水系与水文特征异同的基础上,安排学生自由讨论田纳西河水系的有利与不利因素，同时引导学生思考：田纳西河水量变化对航运会产生什么影响？怎样改善田纳西河流域的航运条件（个别回答）？至于矿产资源这一部分的学习，主要是通过引导学生阅读矿产资源分布图来了解田纳西河流域的资源状况，进而思考该区域适合发展哪些工业部门这一相关问题（由学生回答与讲评），为学生思维发展提供充分的活动空间。

（3）典题测评、质疑小结

巩固练习、课堂测评是有效教学的重要环节，有利于训练和提高知识迁移能力。遵循形式多样、层次分明、突出主干、启迪思维的考查原则。本课共设计了五道习题，题型包括选择、填表、分析三种类型，内容涉及田纳西河流域基本特征的叙述，主干知识的归纳总结，还有重难点知识的突破（为何田纳西河流域冬雨相对较多？田纳西河流域的成功开发有哪些方面值得我国长江流域综合开发时借鉴？）。通过课堂集中测评，既巩固了知识，又提升了能力。质疑小结在具体运作时则相对灵活，大体安排于课尾5分钟左右进行，设置这个环节的主要目的是给学生在课堂上留下一点时间与空间来整理学习思路，小结学习内容酌情质疑反思，再次使课堂气氛活跃起来。这堂课由于整体教学安排行之有效，课后小结相对简单，质疑重点在社会调查与实践。

4. 反思

本节教学仍然有不尽如人意之处：其一，教学内容的衔接可否更为紧密，从水系与流域的相关知识简介跳跃到田纳西河流域的自然背景的学习，似乎还不够顺畅。其二，作为高二基础课的地理教学，其知识的广度与深度难以把握，如有关流域的基础知识如何选取，独特的亚热带季风气候的特征与成因怎样解释。其三，现代教学是一种开放的教学模式，我们主张有利于启迪思维提高效率的教学行为，同时也反对相对死板的教学模式，因为教学是一项动态复杂而又科学系统的工程。课前3分钟的激趣引思与课后5分钟的质疑小结的环节，也只能在因材施教的大前提下灵活处理，自然有效课堂教学评价更应该遵循科学理性、务实高效的原则。

（本文发表于《地理教学》2007年第7期）

例文十：高考地理尖子生培养初探

论文导读：尖子生培养是每一个学校面临的教学质量问题，是教师常抓不懈的一项十分重要的工作，也是为高一级学校选拔优秀学生、为未来社会造就杰出创新人才的关键。立德树人任重而道远，其难度可想而知，常常被许多教师所仰慕。2005年，本人执教的地理班，有幸培养出佛山市地理高考状元朱日贤同学，事迹被相关媒体报道。本文从优秀学生成长个案的角度思考，就尖子生培养的方法与体验撰写成文，目的在于抛出课题、引发探究。

高考地理尖子生一般是指从成千上万的地理考生中脱颖而出，成绩骄人，在某一个区域高考中地理分数名列前茅的优秀学生。如今年广东省高考中，地理在试题偏难的情况下，广雅中学一名种子选手以895分的成绩站到了金字塔尖，创广东省地理科高考成绩历史纪录。佛山市参加地理考试的学生近3000人，其中状元被我执教班级的朱日贤同学以808分获取，不愧为佛山市高考地理尖子生。高考成绩揭晓之后不少同事陆续打电话来祝贺，并询问培育尖子生的秘诀。其实不然，仔细思量或许如下几点值得借鉴。

1. 培养兴趣、选拔苗子

兴趣是最好的老师，我想任何学习都是如此，教师必须设法让学生乐学，很难想象一个对地理毫无兴趣的学生，其地理高考成绩会如何突出？教者必须在培养学生地理兴趣上下苦功。首先，利用课堂系统介绍地理学的基本特点，让学生真正领略地理知识的博大精深与服务社会的广阔前景及学科本身的知识趣味。其次，充分利用课堂艺术在常规教学中潜移默化地感染学生，让学生乐此不疲。其中包括教学内容的处理、学科前沿知识的补充、课堂语言的提炼、师生互动气氛的营造、教师人格魅力的展现。一句话，想方设法让学生爱上你的课。最后，充分运用激励手段，使喜欢地理的学生不断感受到自己的进步，甚至阶段性成功的喜悦，必要时推荐相关的地理课外读物，以进一步激发他们的兴趣。一个班级一旦形成了这种浓厚的学习兴趣，地理教学就会呈现出良好的发展态势，开展培优工作就会水到渠成。到底怎样确定尖子生的培养对象呢？悉心选拔好苗子，大胆吸收爱好地理、基础牢固、思维灵活、乐于钻研的学生为培优成员，明确目标，予以辅导。注意尖子生的培养人数，慎重行事、科学决策。

2. 明确目标、不断激励

奋斗目标是一个人前进中的不竭动力，否则就会像一只断线的风筝随风飘荡。怎样让选修地理的学生明确目标呢？依我之见，正确引导学生知己知彼确定适合自身发展策略是关键，地理班学生在各种选修科目组合系列中大多综合素质偏差，从某种程度上讲是学校在优先其他学科选择基础上剩余成员的组合，一般为学校人数最少的班级；当然也不排除极少数对地理偏爱的优秀学生可能成为班级的点缀。所以，我们给地理班定位必须既突出主体又顾及个体、因材施教，使我们的目标具有科学性、系统性、可行性。尖子生确定一般以优秀学生为对象，尽量发挥他们的潜能。例如，我执教地理课的班65人选修地理，根据学生情况，确定地理前10名为种子选手，特别暗示前3名瞄准800分大关，为实现"称霸南海、走出佛山"的理想而拼搏。开始部分学生信心不足，我便引导他们分析形势：优势是我们区属重点中学有镇属高中众多的基础稍差的地理生加盟；劣势是各校高中也有少数"精英"集中在地理班，他们习惯于用"上马"比我们的"下马"。我们必须不卑不亢、沉着应战。沿既定的整体目标不懈努力、扬长补短、开拓进取。曾记得3月组织学生参加广东省第一次高考模拟考，我们地理平均分只有79分，与南海区最高分相差10多分，当时我确实有点紧张；后期通过查漏补缺与激励教育，学生成绩提高很快，5月的佛山模拟考我班重振雄风，以人均105分的成绩位居南海第一。从此，学生找到了感觉、考出了自信，备考工作更加积极主动。

3. 夯实基础、提升能力

夯实基础是培养优秀群体和拔尖人才的基础与前提。基础是大面积提高高考成绩、形成优秀学习群体和拔尖人才的支撑点。在高中地理学习中，千万不能忽视基础，不顾通性通法，任意拔高，将学习引入偏、难、怪的歧途。如今高考的竞争其实是学生综合素质的竞争。近年来随着高校扩招，不少考生能如愿以偿进入理想的大学，当然高考试题也慢慢趋向于大众化，难度系数明显下降，以"双基"考查为特色。既有利于中学教学，又便于高校选拔人才。以地理高考题为例，近年的难度系数基本保持在0.6～0.7的范围内，可见，我们的教学以立足基础、提升能力为宗旨是多么重要。一年来，我大约花费了2/3的时间用于基础教学，对中学地理教材的第一轮复习强调一丝不苟地把握教材，坚持依纲扣本、讲深讲透、不留死角，坚持一课一练、拾遗补阙、步步为营。面对高考能力考查比重加大的趋势，常规教学中我加强了地理背景材料的阅读、图表绘制与案例分析，充分体现地理学科的特点。跨入高三，我们分期分批征订了《地理高考A计划》《名师伴我行》《地理图表填充与分析》，此外，还要求培优成员增订了《五年高考三年模拟》一书。第二轮复习引导他们根据自身情况适当调整灵活进行，充分发挥自主学习、探究学习的潜能,尽可能为培优学生提供自由选择的时间与空间。备考后期,我强调一方面回归教材,领会大纲、夯实基础;另一方面通过典型模拟套题进行知识与能力的测练,突出试卷讲评与查漏补缺工作,全面提高双基水平与应试技巧。

4. 因材施教、突出重点

尖子生的培养是一项系统工程,任务长期而艰巨。既要有适合他们茁壮成长的大环境,又要营造阳光充足、张扬个性的小环境。对尖子生而言,因材施教重点是卓有成效地开展创新教育。一方面以教学过程的创新为出发点,我们的教学要适当突破常规大纲和教材的要求,分阶段实施教学目标:高一阶段,地理兴趣的培养与基础知识的巩固至关重要;高二阶段,就要上建楼、下筑仓,重充实、促提高,基本完成本学科的专题训练与技能指标;进入高三,主要是梳理知识、精雕细凿。在方向上把握近年来高考的发展动态,在方法上针对学生在知识、能力方面尚存的问题进行校正和训练。其中包括综合分析能力的提高、地理知识的有效延伸、全方位的查漏补缺、应试技巧的培养、心理状态的调整等诸多工作。另一方面以培育尖子生的创新精神为归宿。首先是培养科学精神。教师有意识地组织一些素材让尖子生观察分析、讨论研究,因势利导,教育他们不唯书、不唯师、只唯实。在讨论问题时,师生平等相处,求真求优。对于学生在课堂上的质疑,老师则采取宽容和鼓励的态度。其次是培养探索精神。积极组织尖子生自学,鼓励他们走上讲台相互切磋,同时指导他们理顺知识脉络,完善知识体系,遇到学习难题尽量学会自行解决,为以后接受新知识、适应新环境、走出新路子做好精神上和方法上的准备。

此外,在培育高考地理尖子生的过程中我们还必须注意处理两个关系。

其一,构建优秀学生群体与培养拔尖人才的关系。从整体来说,二者应该有机统一。人力资源管理学"金字塔"理论告诉我们,当具备了一定数量的优秀群体时,拔尖人才必然会涌现出来。我们主张在努力提高一批优秀学生群体的基础上对拔尖人才进行再加工。

其二,正确处理有效利用教师的主导与充分发挥尖子生的主体作用的关系。通过向这些尖子学生提供相关的信息资料,精选并开列相关阅读书目,以平等的态度与他们共同讨论问题,并适时加以点拨:审题是否准确?方法是否恰当?答题是否规范?潜力是否挖掘?通过师生积极的互动以加速尖子生的培养。

依我之见,真正冒尖的学生往往是众多因素的最佳组合;"主动治学,抢占先机,严谨务实,深化提高,精益求精"是尖子生脱颖而出的重要原因和显著特点。诚然,正如体育竞技一样,具备夺冠势力的选手未必就能夺冠,可见努力使每一位种子选手在考试时发挥到极致是多么重要。但我坚信"精诚所至,金石为开"的道理,作为一名中学地理教师，只要你在培养尖子生方面因材施教、坚持不懈、痛下苦功，成功就会向你招手。

（本文发表于《地理教育》2006年第2期）

例文十一：浅谈地理教学中学生阅读能力的培养

论文导读：阅读是人类获取知识最为常见，且十分有效的捷径，阅读能力对每一个人的成长与发展都十分重要，目前活到老、学到老已成为时代的强音，中小学生是学习知识的黄金时期，阅读能力的培养理应摆在首位。然而，在教学或应试活动中，学生看不懂材料、不会审题、无的放矢、低分低能的现象屡见不鲜，其实是阅读能力较差的体现。本文结合地理教学实践，着重突出阅读习惯的培养与阅读方法的指导，让素质教育负重前行，突破瓶颈。

教师的课堂教学应同时完成两个方面的任务：学习内容的指导和阅读能力的培养。因此，教师要善于挖掘教材中的学法指导因素，把学习方法的指导与传授知识的具体过程紧密结合，力求使学生每节课在学习知识技能的同时，掌握一套行之有效的学习方法。目前，多数教师课堂教学中重视学习内容的指导而忽视学习方法的指导，学生学不得法，学习费时、费力效果不佳。地理教学过程中，常常存在这样一些情况：学生回答问题常与课文内容、观点术语相脱节；学生观察分析、思维活动经常停留在肤浅阶段，难以深入；在讨论问题时，往往启而不发，进展缓慢。造成这些情况的原因很多，重要原因之一就是教师在课堂教学过程中，未能很好地安排学生自主阅读，未能很好地让学生积极主动地参加学习活动。那么，如何在课堂教学中进行学法指导，培养学生阅读的能力呢？

我认为要使学生在课堂上能积极主动地投入教学活动中去，培养他们取得独立主动学习习惯和学习方法是很重要的，尤其要培养学生自主阅读能力，让他们养成良好的阅读习惯，掌握良好的阅读方法。

1. 培养学生形成良好的阅读习惯

首先,大力宣传学生讲解阅读的重要意义,介绍阅读的经验,强调形成良好的阅读习惯对获取知识、增强能力、提高成绩的巨大作用。让学生在思想上高度重视阅读,让他们产生强烈的自学愿望。要求教师在教学过程中让出时间安排阅读环节,为课堂阅读活动创造充分的条件。

其次,选择适当的阅读方法,使学生要阅读、会阅读。遵循学生自学与教师讲授紧密联系的原则,教师在指导学生阅读时,应根据课本知识和学生自学能力的实际水平,选择简便易行、灵活多样的阅读方法,让学生做起来难度不太大而有兴趣,费时不多而有收获。这样,学生就会十分乐意地开展地理阅读活动。

最后,指导学生阅读并及时进行成果总结。在学生阅读以后,教师应结合课本内容及时组织学生讲座肯定学生的自学成绩,总结经验扩大自主阅读的影响,让学生体会到阅读的确使自己处在课堂教学过程中的主体地位,赢得主动权,并有利于自己阅读理解能力、逻辑思维能力、自学能力的提高,有利于学习成绩的进步。这样会增强学生学习的内在动力,调动学生的积极性,从而逐步形成阅读的良好习惯。

2. 指导学生掌握阅读的良好方法

地理课本是学生获取地理知识的主要来源,也是回答地理问题的主要依据。地理课的自学是通过学生认真阅读地理课本知识,做自学笔记,回答一些问题等途径实现的。根据地理科的特点、课本知识的难易情况、教学大纲的要求、学生的实际,地理科的阅读主要有以下几种方法。

(1)"语意式"阅读法

这种自主阅读方法就是让学生用类似学习语文的方法去阅读地理课文。"语意式"阅读法主要适合于地理课本篇幅较长,但知识点不多,层次比较清楚的章节或段落,如高中地理下册的一些章节。使用这种方法教学时,要求学生对课文内容逐段、逐句、逐字地通读,先找出知识点,理一理知识层次,再对每一个知识点进行归纳概括,然后做好读书笔记。对教材的要领可做句子成分分析,找出关键词,对看不懂的疑难问题做上标记。教师在学生自学时要提出一些问题进行考查,检查学生对知识的理解和掌握程度,对学生自学中存在的问题进行必要的讲解。对于知识简单的课本内容,采取"语意式"阅读法让学生自主学习,既可以节省时间,又可以避免因教师讲解过多而使学生产生枯燥无味的感觉。具体而言,"语意式"阅读法主要包括常见的两种方法:一是看书识记法,教师课前把本课教学目标中要求学生识记的内容,设计出一套自学思考题,学生通过看书,回答每个问题,并记住这些内容,这样识记的任务就完成了。二是思考解疑法,教师对于教学目标中要求学生理解的问题,要作为重点提问内容,通过提出疑问，启发学生思考，并进行学习方法指导，组织学生讨论。对于那些学生思考后仍不能解决的难点问题，教师要通过精讲，帮助学生解疑，突破难点。通过"设疑—解疑—新的疑问"这种动态变化过程，不断深化对知识的理解。重点内容教师要反复强调，以加深印象，使学习目标一一落实。

（2）"提纲式"阅读法

对理论性强、阅读理解难度较大，学生一时难以把握的内容，为降低难度，便于学生自学掌握，可采用"提纲式"阅读法进行自学，这就是教师在课前就教材内容精心设计好读书提纲，理出主要知识点，为学生看书自学指出思路，从而达到降低自学难度的目的。例如，学习"常见的天气系统"时，就可列出这样的自学提纲。

① 天气的概念→天气系统的主要内容→天气系统的影响因素分析。

② 常见的天气系统分析（填表分析：基本概念、常见分类、天气现象）：

a.常见气团；b.锋面系统；c.气压系统。

③ 绘出冷锋与暖锋、气旋与反气旋（北半球）的示意图。这样，天气系统的知识网络就会一目了然。

采用"提纲式"阅读法，学生依据提纲，带着问题去看书、读图，并完成一定的要求，然后让学生摆出各自的见解进行讨论，最后由教师归纳意见，得出正确结论。这样，课堂气氛生动、活跃，学生的主动性也得到了充分发挥，对重难点知识理解得更透彻，掌握得更牢固。

特别要强调的是，对于地理基础知识的学习使用表解法进行比较分析简便易行，可以取得事半功倍的效果。地理表解法一般用精练、醒目的文字，把教材中冗长的叙述简化，使其重点突出，简洁明了。例如，光球、色球和日冕三层的特征与太阳活动形式，东亚季风南亚季风的风向及成因比较、四种降水类型的特点及成因等知识，就可以用表解法巩固记忆。

（3）"图像式"阅读法

地理课本包括文字系统和图像系统两大部分。文图并重、图文对照是学习地理的基本方法。读图可以促进学生对地理知识的理解、分析和记忆，同时，图像包含着丰富的地理知识，可直接成为学生必须掌握的内容。学习实践地理图像的阅读方式多种多样：①读图法。学生阅读不同种类地图的顺序、步骤和方法，找出图中主要的地理事物，主要解决图中"有什么""怎么样"的问题。例如，阅读"中国政区图"主要在于了解中国行政区划的基本格局。②析图法。学生分析各地理事物间联系，深入理解图的含义，分析地图反映的基本原理，主要解决"为什么"的问题。例如，分析世界海洋表面盐度分布规律的图像，就必须根据影响盐度的因素，结合具体的地理环境逐一归因。③绘图法。学生自主阅读时做到边读边画、读画同步。绘图不仅有利于加深学生对地理知识的理解与记忆，而且有利于发展学生的地理技能。主要方法有：其一，彩描法，利用课本插图或填充图册，要求学生用彩笔勾描轮廓及重点内容，如描绘中国主要旅游景点的分布使用彩绘法效果良好。其二，速写法，简笔画轮廓，最好由简单的几何图形组成，以内容突出主要的地理事物为标准，如世界大洲大洋的分布略图。④默图法。利用图像进行记忆，印象深刻，易于形成空间观念，到考试或需要回忆时，眼前似乎就会出现一幅幅生动形象的图。默图包括：默填，利用空白图按要求填图；默绘，不看课本，自己绘出示意图。通过以上几个环节，可以帮助学生掌握好图像系统，大大提高阅读自学地理知识的效率。

在多年的教学实践中，通过指导学生经常性地开展地理阅读自学的活动，教学上取得了明显的成效，学生们也获得了不断进步的快乐，同时坚定了学习的信心，激发了学习的兴趣。诚然，由于传统教育的长期影响根深蒂固，教师唱主角的习惯一时半会还难以彻底改变，以学生为主体的自主学习方式有待进一步加强，我们的工作任重而道远、大有可为。

（本文发表于《广东教育》2005年第12期）

例文十二：简评高中地理新图册

论文导读：地图是地理学的主要载体，高中地理图册是中学地理教学不可或缺的重要工具。左书右图、图导图练早已成为地理教学常态，高中地理新图册较旧图册有明显突破。本文结合教学实践辩证分析了新图册的利弊，特别强调师生在日常地理教学中务必扬长避短、充分发挥地图形象直观、精准定位的特殊功能，努力构建"心理地图"，践行高效教学。

高中地理新图册是供高一年级教学时使用的，是地理教科书的重要组成部分，也是地理信息的重要载体。对表现地理事物的分布与结构、差异与联系具有独特的优势；对激发学生学习地理兴趣，帮助他们主动参与教学过程，改变传统学习方式具有十分突出的作用；对落实知识要点、强化智能训练、形成科学的人地资源观与可持续发展理念，将来造福人类具有特殊的意义。因而，这套图册教、学、考的价值，一向为教师所重视。

在教学实践中，高中地理新图册运用效果如何呢？评价可能褒贬不一，但要肯定的是新图册较旧图册有明显的突破。

1. 形义统一、图文互动

为配合课程教学，图册编排体系与教科书保持一致，便于学生对照教科书使用，这里的形是地图，义便是地图文字说明，二者有机统一。同时，教科书中极富逻辑性的文字描述与图册中点、线、面、色显示的直观图像与注记符号互相渗透、互相影响，多层面地表现教学内容。就图册目次分析：除开篇总览全局的中国、世界地图之外，上、下两册的其他内容按教科书目录的编排与按单元节次一一演绎出来且严格对应。例如，第一单元宇宙环境共分六节，图册则用各种地图如法炮制，图文互动。

2. 图像生动、寓教于乐

新图册几乎全部为分层设色的彩印，视觉效果明显，较好地体现出综合性、形象性、直观性的特点。高中地理图册共设计有近110个页面，翔实的图幅内容、丰富的图形组合、斑斓的色彩搭配，给人以良好的视觉效果，极有利于地理知识的落实。例如，人类对宇宙的新探索一节中共用了12幅彩照，形象地表现出人类探测宇宙艰难而辉煌的历程，遥远的未知世界不用"千里眼"却能把它们美丽的画面尽收眼底，寓教于乐。一方面能变逻辑思维为形象思维，加深对教材的理解；另一方面能激发学生探索未来宇宙世界的兴趣，进而立志报国、献身科学，争做新世纪的航天尖兵。

3. 适当延伸、加深理解

高中地理新图册与教科书内容严格对应，除形象直观地再现相关知识点之外，为加深对教材的理解，图册中部分内容均有适当延伸。例如，第二单元第四节"全球性大气环境"中补充了"西太平洋副热带高压进退与中国东部雨带移动"这幅图，把我国雨带移动规律形象直观地加以表现，使梅雨、伏旱、春旱的知识迎刃而解。这种恰到好处的延伸和补充，对加强教材相关内容的理解与运用，对增强单元知识的科学性与系统性，对开阔学生视野不失为一种有益的尝试。

4. 图册练习、提升能力

高中地理新图册与众不同之处颇多，与原图册相比，可以说是第一大突破的是图册后面附有读图综合练习。利于学以致用、巩固提高，促进地理综合素质的全面发展。地理知识教、学、考离不开地图。俗话说左书右图，地图是地理学最显著的特征。充分运用地图是学习地理最有效的方法，传统教学忽视地图、纸上谈兵或纯文字游戏的做法屡见不鲜，学不得法，效果极差。例如，初中毕业竟有说不准北京的位置关系，在空白图上填错自己所在省份的学生。近年，为突出地理的空间性，以地图为切入点的考核比重日益增加，地图练习在地理教学中势在必行。可见，新地图册后面补充的读图分析练习实为明智之举，也是提升学生能力的一种良好表现。高中地理新图册尽管具有旧图册无可比拟的优点，但按一分为二的观点去审核难免存在不尽如人意之处，或者说在某些方面还需要精益求精，努力改进。

（1）版面稍显拥挤

新图册分上下两册，累计百余个版面，严格与教科书对应表现丰富的教学内容，包容量极大。翻开图册我们会感觉到版面设计确实较为拥挤，甚至显得凌乱，大有喧宾夺主之嫌。纵观地理图册，拥有10幅图像的版面很多。例如，人类目前观测到的宇宙，昼夜长短和正午太阳高度的变化，组成岩石的矿物，陆地环境地域差异等内容便是如此。

（2）色彩过于浓烈

高中地理新图册色彩鲜明、图文并茂，但从另一个侧面分析其中也隐含一些不足。我认为过分浓烈的色彩会影响地理事物的表现，给人眼花缭乱、层次不清、立体感欠佳的感觉，尤其是将它作为实物投影对象时其效果会更差。例如，南极臭氧空洞、赤潮污染、方解石、岩溶地貌等地理景观图的表现效果很不理想。相反，如果采取一些相对淡雅或白描的手法来表现某些地理事物，彰显其特征，或许能令人耳目一新。

（3）主次不够分明

新图册要表现的内容颇多，作为编者，追求尽可能详尽的表现形式是完全可以理解的，但面面俱到、版面拥挤也往往引发主次不够分明的问题，给教学时把握重点、突破难点造成一定的障碍，直接影响视图效果。类似情况显而易见，如地球在太阳中的位置、地球的公转运动、低压和高压系统、温室效应、海水的温度和盐度分布、水循环等内容应是相应章节的重点，但我认为图像表现力度不够。

（4）练习有待改进

高中地理图册别出心裁地安排了读图分析的综合练习，且布局于图册后面，这对于提高学生的双基水平、培养读图能力与地理综合素质极为有利。但有两点要加以改进：其一，各章节练习的分量与知识的覆盖面要相对平衡，尽可能体现教材比重、重点、难点，具有科学性和系统性，不要造成章节间的过分悬殊。例如，第三单元的图册练习分量偏少有失平衡。其二，为加强教学信息的反馈、检测教学效果、引导正确讲评，一方面要加强各章节练习的精选工作，杜绝偏题、怪题，力求难度系数适中；另一方面务必提高参考答案的指导性与准确性，为全面提升教学质量、开创地图教学新局面充分发挥作用。

（本文发表于《地图》2005年第1期）

第 八 章

以"立德树人"为宗旨

"立德树人"是新时期最为突出的教育方针与素养目标。当我们思考"立什么德"时，首先，要考虑"树什么人"。德和人是有机融合的整体关系，德是人之魂，人无德不立，正心方能成人。德为人之德，有什么人就有什么德。因此，我们需要从"树什么人"开始，追问"立什么德"。强调立成"人"之德，德是成"人"的根本。人性中包含着成为人的共同德行，即人性的善。其次，是立时代之德，即时代的共同道德。欲达到这一目的，我们的德育就必须言传身教、春风化雨、润物无声、全面实施，让学校的每一个要素都充满德育的正能量，课程、课堂、管理、文化、环境、人员等都要发挥育人作用，实现立德树人时空的全覆盖、无死角、长时效。立德树人是"立育人之德"与"树有德之人"的辩证统一。为培养德智体美劳全面发展的社会主义建设者和接班人而努力奋斗。

其实"立德树人"与传统意义上的德育方针"教书育人"可谓同工异曲，"教书育人"是指教师关心爱护学生，在传授专业知识的同时，以自身的道德行为和人格魅力，率先垂范，引导学生寻找自己生命的意义，实现人生应有的价值追求，塑造完美高尚的品格。教书育人是教师的天职，也是教师的基本使命、责任与担当。一个称职的教师必须是教书与育人完美结合的使者，但教书与育人是有区别的。教书以传授知识和技能为主导；而育人则以培养学生科学的人生观、世界观、价值观，教导学生今后如何做人、做事为宗旨。教书与育人又是因果逻辑关系，各自独立、紧密联系、相互影响。我认为教书相对容易，而育人难度更大，作为教师要特别强调育人使命。所以，育人应作为首要目标，同时注意实现目标的方法与手段，正确引导学生成人、成才，坚持学习、学习、再学习，践行好好学习天天向上的传统教育理念。学习是广义的，读万卷书，行万里路。与社会不同地位的人、不同知识层次的人、不同经济条件的人交友往来，也是一种学习。学习需要循序渐进、持之以恒，不能揠苗助长。学习、发展、进步、成才是一个渐进的过程。学习既要博采众长、又要有所专攻，切莫求全责备、三心二意、浅尝辄止、好高骛远。培养教育学生是一个综合的系统工程，不仅教师学生要努力，而且家庭、社会也要努力。重视学生全面发展与教师的因材施教，努力构建平等和谐的师生关系至关重要，为此，教师在处理师生关系时，要注意践行以下基本原则：①坚持社会主义核心价值观与正确的教育方针政策；②传播科学文化知识，充分体现精神文明的成果；③尊重学生建立良好的师生关系，关心他们的学习、生活、身心健康和社会交往等，正确处理关心与纵容的关系，严爱并举才是育人正道；加强师生良性互动、建构沟通桥梁；④为人师表，廉洁从教；⑤遵守社会公德，教师要率先遵守社会公德、职业道德、家庭美德，关心集体、爱岗敬业；⑥对学生实施素质教育，坚持德、智、体、美、劳全面发展，努力培养对国家、社会能够做出贡献的未来接班人和建设者。

作为教师在教书育人的问题上，要摆正位置。教书是为了育人，不教则难育，只育无教则虚无缥缈，没有根基。从教师的角度来讲，处理好教书与育人的问题，要做到以下几点：①是非分明，对学生要进行爱国主义教育、集体主义教育、社会主义教育。培养出有道德、有理想、守纪律、懂法律，维护民族团结，具有国防意识的公民，拥有现代与时俱进的思想和境界。如果培养教育出来的学生，只具有一些专业知识，而在大是大非方面迷失方向，这样的教育自然彻底失败。②以身作则，身教重于言教，说到不如做到。如果教师要求学生做到的事情，自己必须首先做到，否则，学生怎么会认可和接受呢？"说得好，不如做得好""事实胜于雄辩"，为人师表要求教师在待人接物方面要以身作则。③因材施教、因人施教。根据受教育的对象不同，强调采取不同的方式方法，加强素质教育。注重学生思维过程，实践体验过程，知识形成过程，评价信息过程等。怎样为人处世，怎样遵纪守法，怎样爱国爱民、爱科学、爱劳动等，要讲原则，更要讲究具体环境。作为一个称职的人民教师，一定要注意教育细节，做到寓教于乐、自然感化，否则，其效果就会大打折扣，教书育人就可能成为空谈。④教学相长，这是教育的辩证法，理想的教育是学生与教师共同健康成长与科学发展，同时是知识教育与思政教育，即教书与育人的完美统一。在教育学生的过程中，教师帮助学生开阔了视野、丰富了感情，学生促进了教师专业成长与事业发展。

例文一：耕耘在希望的心田上

——高三班主任工作感悟

论文导读：自古以来，教师以教书育人为己任，以我之见，优秀教师必须是学生的良师益友、塑造灵魂的工程师，必须以践行习近平总书记"四有"教师理念与立德树人目标为必要条件。为此，本人长期兼任班主任工作，在传道授业解惑的道路上负重前行，不敢说"贤人七十"，却早已"弟子三千"。辛勤耕耘在学生希望的心田上，体验着富有情怀亦苦亦乐的教育人生。本文结合自己多年高三班主任的工作经历，简要阐述了"民主治班、严爱并举、因材施教"的育人理念。后来以此为题的南海区教育系统德育巡回演讲，社会反响良好。

教师作为人类灵魂的工程师，肩负着教书育人的历史使命。从严格意义上讲，教师职业既是一份对专业水准与责任心要求很高的神圣事业，又是一份地地道道为人师表、倡导奉献的良心工作。班主任作为学校管理的基层骨干，是学校、家庭、学生直接责任的承担者，而高三班主任则是基础教育塔尖上的指挥员与战斗员，面临高考这场没有硝烟的战争的严峻考验，身心压力之大难以言表。但是只要我们乐于此道，怀揣一颗对学生的爱心和对学校、社会、家庭的责任心，坚持对学生在学习上引导、生活上指导、习惯上督导、心理上疏导，那么做一个让学生、家长、学校满意的班主任也就不是一件难事。

由于学校工作的需要，我多年兼任高三班主任一职，高考成绩一直相当不错，2016年我所带的高三（12）班高考重点大学指标完成200%，位居全校第一。也许有人要问：高三班主任究竟要做好哪些工作呢？我认为应主要从以下几个方面尝试。

1. 反思班情优化班风

作为高三班主任，深入了解班情，开展调查研究，制订整改方案比什么都重要（尤其是新接任的班主任）。俗话说，没有调查就没有发言权。上学年，我新接管高三（12）班的第一件事就是广泛开展班情调查，力争在较短的时间内对全班状况一目了然。调查对象包括原班主任、教师、学生、家长、宿管员。通过近一个月的蹲点工作，我终于了解该班的情况:学习基础较差(年级综合排名在普通班中倒数第二),班级凝聚力不强(高二一年从未获得过像样的集体荣誉),课堂气氛沉闷(平时上课几乎没有人举手发言),竞争意识淡漠(相当一部分同学安于现状,得过且过),学习比较懒散(公开早恋有三对、日常出勤率较低)。面对这种局面,我同科任老师与班干部一起根据班情研究对策,把严肃纪律、纯正班风作为工作重点。通过组织学生参加学校的各项竞赛活动,培养他们的集体荣誉感与班级凝聚力;上课时要求学生积极配合老师思考,回答问题,认真做好听课笔记;引导全体学生明确高考目标,开展小组与个人学习竞赛,并利用班费适当奖励;对于学习懒散的学生采取攻心战术,联合家长晓之以理、动之以情、导之以行,对症下药,强化养成教育。我认为,建立良好的班级秩序,优化班风是班级建设的核心,营造积极、健康、向上的班风,开创"邪不压正、力争上游"的良好局面,是保证高三学生高效学习,最终走向成功的前提。

常言道,失败是成功之母,其实未必,经历失败可能促进成功,如果失败后仍执迷不悟,继续重复从前的思维和行为模式,那么成功就会遥遥无期。我认为,学会反思才是成功的关键,要成就一番事业必须不断探索反思。反思过去他人的做法有哪些值得发扬与改进,反思自己以往的言行举止是否合乎情理。对教师而言,善反思是一种良好的教学品质,是促进自身迅速成长的利器;同样,班主任只有善于反思班级工作中的得与失,管理工作才能去粗取精、去伪存真,扬长避短。

2. 激励教育确定目标

激励教育就是尽量激发学生的内驱力,使学生胸怀大志积极向上,为实现自己的远大目标不懈奋斗。一个胸无大志的人缺少前进动力,对我们的高三学生而言,理想前途教育十分重要。高考是人生考验的第一课,也是人生的第一个十字路口,虽然人们已经慢慢淡化"千军万马过独木桥"的传统理念,但名牌大学的竞争日益激烈,它对人生未来发展影响依然重大。面对机遇与挑战并存、成功与挫折同在的高考,高三学子务必志存高远,明确目标、严阵以待,切不可等闲视之。在实施过程中一般采取"以志激人"的办法,敦促学生由心动转化为行动。而行动主要体现在坚持不懈地学习上,知识技能的获取主要靠学习。完成学习目标的途径有二:一是延长时间,二是提高效率。运用激励机制帮助学生树立理想、强化责任,将学习情绪调控到"亢奋"状态,"水击石则鸣、人激志则宏",高三学生只有不断激励,才能在高考拼搏中保持不竭的动力,披荆斩棘、勇往直前。

激励教育需要突出正面诱导、不断鞭策,激发斗志,高三学生的励志教育还必须以特别关爱为前提。显然,他们所承受的身心压力巨大,十分关注高考的成败,心理一般比较脆弱,难免产生畏惧情绪,为此教师必须鼓励他们树立信心、不畏艰险。坚信"我能行"，"征服高考舍我其谁"，"高考就像平时的测试，并不可怕"，"只要基础牢固，正常发挥就能成功"。依我之见，激励教育的落脚点就是正确引导学生确定好每一阶段的学习目标，并督促学生按部就班地努力实施。比如，根据学生个体情况与奋斗目标确定"我心目中理想的大学"；预设每个学段成绩排名位置以及对应的策略，甚至落实到每学科每一天的学习安排。2016年，我带的高三（12）班就是如此操作，起初我把他们的高考目标与座右铭以表格的形式张贴在班级宣传栏，配合励志标语、高考倒计时牌等内容组合为独特的课室文化，有效营造竞争拼搏奋进的氛围，此后每次月考都有详细的总结，这样学生就能及时对照目标深刻反思，肯定成绩，找出问题，改正错误。

3. 学法指导突破临界

学法指导所包括的内容众多：如何运用科学方法复习备考，提升学习效率；如何调适自我心态、提高应试技巧；如何发现知识缺陷、查漏补缺；等等。根据不同学生的情况分别进行科学指导就一定能收到理想的效果。全面提高班级学习成绩是高三班主任的首要任务。高三阶段，本人在学生学法指导与临界生辅导方面做了大量工作。在学法指导上要求所有科任老师在进行专题学科学法指导的同时要渗透学法点拨，同时充分利用班会课及个别谈话的机会适时进行学法指导。我作为班主任，在重点教导学生"五会"方面下了不少功夫：一是学会听复习课，高三以复习课为主，课前要积极预习、课中要认真思考、课后要总结反思。二是学会梳理知识点，根据考纲教材、复习资料、听课笔记合理整合，形成相对完整的个性化的主干知识网络十分重要。三是学会整理试题类型，引导学生进行试题归类（尤其是错题整理），有利于学生系统掌握知识、迁移知识，举一反三，提高技能。四是学会准确表达要领，表达是对知识的升华，是对学生更高层次的要求（也是由意会到言传的过程），这里的表达包括口头与书面表达。口头表达主要指课堂积极回答老师提问，课后在同学之间能充当"小老师"，清晰讲解相关问题。书面表达主要指平时练习与考试答题的规范化。五是学会在学习中质疑，善于质疑是积极思维的表现，学生良好思维品质的培养，离不开提出分析解决问题的系统而科学的思维训练。高三学生能积极思考，及时向教师提出有一定质量的疑难问题，是件难能可贵的事情，应大力倡导关注思维的火花。此外，各学科学应试技巧与自修时间安排也很重要，利于让学生形成良好的习惯不断提高学习效率。采取抓两头带中间的办法，认真做好尖子生和学困生的指导工作。对尖子生，要求他们明确目标、确定方案，突破弱科，保持优势；对学困生，以鼓励为主，发现问题及时纠正。利用每次测试成绩进行个案分析，对学生不断鞭策。班级高考任务的突破在很大程度上取决于临界生的培养情况，临界生往往是完成指标的分水岭。在实践操作中特别强调临界生培辅工作，并为此付出了大量的时间与精力。如何引导他们克服偏科毛病、突破综合科成绩、查漏补缺，实现总分最大化是我高三下学期的基本对策。对临界生辅导，我采取了与众不同的做法：科学界定临界生，临界生包括重点本科与一般本科两大类，临界生具有不稳定性，其范围的确定不宜太死，要留有余地，其名单应根据学生成绩进退适时调整。临界生的辅导必须落实到每一个科任老师，采取定时、定点与自由安排相结合的办法，注重学情反馈与整改，坚持过程与成绩评价并用的原则，加强科学管理，促进临界生良性转化。

我们常说："教学有法，教无定法。"其实班主任工作也是如此，每个学生的性格、爱好不尽相同。作为班主任，在管理班级、教育学生的过程中，只有采取人性化管理，树立以学生发展为中心的意识因材施教，才能全面提高素质教育的水平。广义的学法指导除学科学法之外还包括学生的心理辅导，如何保持健康心理进而高效学习也是班主任的一个重要课题。为提高学生心理素质，应努力做好以下工作：第一，加强教师自身心理知识的学习，不断提高自身的心理素质与理论修养。只有这样，教师才能对学生进行有效心理辅导。第二，加强对家长的心理知识指导，不断提高家长对孩子的心理辅导能力。第三，心理健康教育应该寓教于乐、切实可行，融知识性、趣味性、参与性为一体。理论联系实际、学以致用，提高学生抗挫折和心理自我调节能力，使每个学生都能达到智力正常、情绪健康、行为协调、关系和谐的心理健康标准。高三班主任在全面提高学生心理素质方面责无旁贷。

4. 言传身教严格管理

孔子说："其身正，不令而行；其身不正，虽令不从。""不能正其身，如正人何？"教师尤其是班主任，一言一行均对学生起着示范作用，产生潜移默化的影响。教师必须当好学生表率，凡是要求学生做到的教师应首先要做到。班主任的身教与人格魅力就是"无言之教"的核心，当然班主任的"有言之教"也不可或缺，它包括学科德育渗透与主题班会以及个别谈心等多种形式的教育。班主任对学生的影响无处不在、无时不有。

从透视层面分析，言传身教体现在显性和隐性管理两个方面。显性管理的实质是在学生心理能够承受的情况下实行严格的制度管理，即明确各种规章制度，通过各种手段让学生认真执行。隐性管理的实质是在常规的制度管理中追求艺术，通过无形的力量尤其是班主任的人格魅力实施班级工作的遥感遥控，使每个学生都能自觉自愿地维护班组集体的荣誉，主动干好工作，为创建文明班级献策献力。虽然隐性管理的制约力不如显性管理强大，但它的作用却是无声胜有声，在班级管理中二者关系密切、相互补充。

班级工作的落脚点是学生的日常管理，也可以说是班级建设。班级建设更强调创造性地开展班级管理工作，是班级管理的高级境界。它需要班主任科学系统、持之以恒、脚踏实地、默默无闻地付出与奉献。"严师出高徒，管理出效益"是我的班级管理理念，一年来，我始终坚持高三无特区的原则。在高三班级的常规管理上抓了以下几点：

①做好班级各项工作的检查督促，在管理上严字当头，依靠规章制度进行科学化、规范化管理，绝不因学习紧张而放松对班级日常管理的要求。实践证明，高三阶段抓好纪律、卫生、体育工作有利于提高备考效率。②经常深入班级，及时发现问题，让班规校规落到实处。本学年，尽管我担任的工作繁多，但我仍然坚持每日了解每个学生每一天的状态，发现问题及时处理。③积极开展激励教育，表扬好人好事，坚持每隔一段时间进行一次班级情况评比，对学习刻苦、进步显著、乐于助人的同学充分表扬。④切实抓好班团干部队伍建设，使常规管理有人抓，工作有人做，问题有人管。

诚然，班级管理必须强调严爱并举的策略。孔子说："仁者爱人。"爱护学生、关心学生是一个教师成功的必备条件。班主任只有以自己的爱才能赢得学生的爱。不过对于学生严格要求也必不可少，强调慈母般的爱并非主张做纯粹的"学生保姆"和"学生朋友"。还应当保持教导者的威慑力，绝不溺爱偏爱、姑息迁就。个别同学把教师的话当成耳旁风，我认为对他们进行严厉批评教育必不可少，没有惩罚的教育是不完整的教育，关键是在批评之后要不失时机地从情感上让学生感知老师批评的良苦用心。此外，对优生也绝对不可以护短，务必一视同仁。班主任既是"严父"，又是"慈母"。高三班主任应该把握严爱相济的"度"，辩证施教的"量"，坚持以爱心抚慰他们的心灵、以诚心赢得他们的信任、以耐心期待他们转化，这样就能形成凝聚力强、师生关系和谐的优秀班集体。

5. 通力合作和谐共进

毫无疑义，合作才有合力，才能共赢。我们的合作包括充分发挥师生、家长、学校的积极性。开展全方位、多层次的合作，面对竞争日益激烈的高考只有通力合作，才能共克时艰、共渡难关。在这一庞大的系统工程中，师生合作是关键，这就要求我们的高三学生必须以尊敬信任科任老师为前提，听从指挥、虚心学习，出色地完成老师布置的任务，值得注意的是，在每次学校组织的学生评教活动中，班主任务必正确引导，让所有学生充分肯定教师的成绩与优势，对师生之间的分歧在尊重信赖的前提下巧妙而冷静地处理，努力打造亲切友好、和谐快乐的师生关系，这样，我们的高三教学就有了走向成功的基本保障。努力协调学生与学生、老师与老师的关系，高三学生只有团结友爱、互帮互谅，才能营造良好和谐的班级氛围，才能和平共处、互利共赢；科任教师之间的协作主要是通过班主任协调彼此加强学情反馈与教学合作，我对他们强调得最多的是相互合作总分最大，大家好才是真的好。对于学校教师与家长的关系，我也颇费心思，主要是通过定期的家长会去沟通。一年来我定期组织召开了四次家长会，每次会议都会安排家长与科任老师见面，详细交谈学生情况，在家长会上强调科任教师的水平能力与敬业精神，积极引导家长从心底尊敬感谢科任教师，设法提供加强联系的机会，进而激发双方的内驱力。此外,还会根据班情需要,不定期召开部分特殊学生的家长会,因材施教。班级是学校的基层组织,担任高三班主任期间,我也重视与学校工作的有机配合,主要活动的开展严格与学校安排保持一致,努力做到有令必行、令行禁止。这样,让学生也能充分感受到学校与班级执行力所在。当然,根据班情开展一些与众不同的班级活动也是必不可少的。总之,高三班级管理十分强调合作共赢、开拓进取。

(本文发表于《生活教育》2016年第9期)

例文二:刍议中学生叛逆行为的成因与对策

论文导读: 从心理学角度分析,中学生随着年龄的增长会不由自主地进入叛逆期,情况严重的学生会给家庭、学校、社会及自身带来许多麻烦,这是摆在我们面前普遍而又棘手的现实难题,当然也是对当下相关心育工作的严峻考验。中学生叛逆行为的成因与对策值得重视、值得深思、值得探究,尤其是学校这块教育的主阵地更是责无旁贷、刻不容缓、充满期待。

青少年时期是最为色彩斑斓的,同时也是最不平静的。这些缤纷的色彩在不断地聚散、变异和进化,所以青少年时期既是人生的黄金时代,也是人生的危险期,他们最显著的特征就是具有叛逆性。

所谓叛逆,其实就是青少年对外界指令的判断和选择的过程所做出的机械式的反弹或条件反射式的反抗。中学生的叛逆行为主要表现为或阳奉阴违,或不听从教育,或站在师长的对立面。从某种意义上讲,带有一定的普遍性,正日益受到教育工作者的关注。

中学教育的主要任务是教育青少年怎样做人、怎样长知,而怎样做人的教育不同于后者。

它不是一种简单的传递过程,必须建立在青少年心理认同的基础之上,是教育工作者常感棘手的问题。面对经常出现的学生态度冷漠、反感和抵触等一些不合作反应,教育工作者必须深思熟虑。试想,产生这种现象的原因是什么呢?作为教育工作者又应如何看待中学生的这种叛逆行为呢?

作为一个青少年，看着自己的身体逐渐变得成熟，他们的思想情感上也会慢慢发生改变，人生观与世界观也会有所改变。他们自认为是大人了，强烈要求独立，想要认定自己是个什么样的人，并希望自己被人接受和肯定。因此，他们对自己的外貌和内心活动都非常关注，对别人的评价也变得非常敏感，体验强烈。但由于心理的不成熟，他们在认识和行为上往往比较偏激与冲动（两极性），这一方面反映出其内心的矛盾动荡性，另一方面反映出其社会性的发展。

教育专家认为，中学生产生叛逆行为的原因是多方面的。叛逆行为受叛逆心理的支配，父母与子女之间、教师与学生之间思想观念的差异是原因之一：由于对生活、理想、社会等抱有不同的看法，他们之间缺乏共同的语言，如果师长硬要把自己的观念与思想强加于学生头上，必然会引起学生叛逆。学生的好奇心是引起叛逆的原因之二：俗话说初生牛犊不怕虎，部分性格刚烈的学生可能产生明知山有虎，偏向虎山行的行为。学生偏见引起的叛逆是原因之三：如果一个人被别人所讨厌，那么他说的话很容易引起别人的反感，有时不管对错，均可能被拒之门外。一位日本专家曾指出，师长过于固执、自私自利、头脑封建、处事不公、任意干涉、轻视他人等都可能成为学生叛逆行为的导火索。大众媒体不恰当的渲染则是导致叛逆行为的原因之四：如一些影视片极力美化叛逆者个人行为、夸大其能耐、鼓吹"个人英雄主义"，这对具有叛逆心理的学生极为不利。

心理学家对叛逆的归因则有所不同。在他们看来，问题的产生不能简单地认定是学生意识问题或思想素质差，而应该从学生心理发育过程来看待。因为上述问题往往是青少年成长过程中必然出现的一种现象，这不仅是行为问题，而且是心理问题。它的客观性远远大于主观性。当人的生理发育到一定阶段、智慧和思想积累到一定程度时，自我意识必然得到加强，所以处于这一时期的青少年就会产生一种力求摆脱束缚、确立自我的意识，其中包括反叛意识；从少儿到青年，他们的身体、情绪、性趣等越来越成熟，但一般情感和社会性的发展相对缓慢与滞后，即发展不平衡，因而导致青少年叛逆行为。

对于青少年的叛逆行为，我认为可分为两大类：显性行为和隐性行为。所谓的显性行为就是当他们的爱好、追求得不到认可，受到限制甚至反对时表现的一种反叛行为，往往表现为桀骜不驯、当面顶撞或背后破坏等，一般较易发现。例如，学生夏某特别爱玩电子游戏，经常上网吧，自入校以来，学习成绩直线下降，由班上第三名降到第五十八名，当家长及教师对其劝说都无效时，家长对他的零花钱和自由活动进行了严格的控制，可其学年统考成绩仍无起色，原因是玩电子游戏的行为一点也没有收敛，为躲避家长和老师，其行为更加隐秘，所花时间也更多。像这种叛逆行为充分反映了青少年在能力、情感发展到一定阶段后，自主意识也愈来愈强烈。这是一种典型的行为选择性错误。其主要原因在于生理、智能发育与情绪和社会性发展不平衡或教育手段不当。

显性行为叛逆，它们易于觉察；而另一种叛逆现象表现不太明显，是一种心理上的反应，一般难以发现，即所谓隐性反应。它往往表现为害怕学习、厌世，兴趣淡然，萎靡不振，甚至有自残和轻生的念头。有时以生理反应的方式表现出来，如头晕、烦躁等。例如，学生梁某平时学习较认真，有一定的进取心，但自信心不够，一遇上理化考试，她就表现为头痛、心慌、精神不振，而考试一过，症状会自行消失，问她原因，自己也说不清。后来通过调查才知道原因是多方面的：一是初中理化基础差；二是对现任理化老师教学有意见；三是家长对子女学习的期望值太高。受升学与就业价值观念的支配，深感竞争激烈，加之缺乏人与人之间的和睦气氛，心理难以平衡。然而，此时学生的心理尚处于发育成长的过程中，对这些内外压力既无足够的承受能力，又无良好的排解方法。当这一压力长期作用时，自我保护的潜意识必然在行为上或生理上做出反应，表现出对学习的冷漠、对师长的不理解、对考试的紧张。

怎样对待中学生的叛逆行为？我认为关键在于摸清原因、对症下药。首先，师长要充分认识学生叛逆行为是青少年时期的一种正常行为，而叛逆心理又是心理弱点之一。不要认为是学生有意跟自己过不去，甚至认为是思想道德问题，但也不要放纵这种心理的滋生；应该动之以情、晓之以理、导之以行，努力调整其叛逆心态，根除叛逆行为。其次，平等民主的教育方式是消除叛逆行为的重要手段。这就要求我们充分尊重学生，民主、平等、友好地与他们交谈，切忌专制独裁、人为制造代沟。

作为教育工作者，对学生叛逆表现要理智地对待，对学生日常的言行举止要细心地观察和认真地分析。平时要公正客观地评价学生的好坏，对同一现象要因人而异，对同一人要应时而异、应地而异。对显性反应中明显的违规行为要明确否定，不能放纵，而对有一定道理的行为要在肯定的基础上加以引导。例如，学生蔡某自从与高二年级一名女生谈恋爱，被老师发现并予以严肃教育以来，表现得十分叛逆，认为教师的做法是捕风捉影、小题大做，亵渎情感，反而与那名女同学亲密接触，互通情报，甚至发展到周末弄虚作假，以请病假的方式或翻围墙的手段到公园去约会，可以说肆无忌惮。后来教师联合家长多次做耐心细致的思想工作，剖析早恋的危害与老师的良苦用心，共同制定纠错对策，终于使他走出了误区。

对于隐性反应更要及早发现，进行心理疏通和精神鼓励，防止出现极端行为。例如，学生范某家境贫寒，思想压力特大，平时认真刻苦，但成绩时有波动，精神状态不佳，入学初两个月常出现失眠现象，与同学的交谈中，发现她曾流露过辍学打工的念头。后来通过及时的交谈鼓励，同时报请学校给予困难补贴，该生学习热情大为提高，期末考试荣获全校进步一等奖。因此，要以理智的态度对待学生的某些不良行为，并以冷静的眼光看待，以科学的方法处理，万不能盲目抑制或粗暴行事。

总之，师长在进行学生思想工作时，应首先与学生交朋友，及时把握学生的心理变化规律，及时了解学生的思想动态，及时发现学生的不正常表现。尽可能与他们相互沟通，进而在心理共鸣的基础上辩证施教。只有这样，学生的思想教育才能取得事半功倍的效果，学生的叛逆行为才会得到理想的遏制。

（本文荣获"全国中小学心理健康论文大赛"大奖，并收入论文集）

例文三：摭谈民主管理班级的基本途径

论文导读：有人认为：学校管理工作最基础、最琐碎、最劳神、最重要的莫过于班级管理，因为班级是学校基本单位、学生主体学习生活的精神家园。一个学校，班级管理到位，自然校风纯正、欣欣向荣，所以，班级管理便成了学校工作的主要抓手。到底如何管理班级？面对这一大众化难题，见仁见智、不一而足，但对中学生而言，我想强调"尊重与民主"的策略。

如何对班级进行民主管理，培养学生的民主意识，努力提高他们的创新能力与综合素质，是每一位教育工作者特别是班主任需要深入研究的课题，也是调控新世纪倡导的民主平等师生关系的关键所在。我始终坚持民主治班，既锻炼了学生，又解放了自己，获益匪浅。具体来讲，努力做了以下几项工作。

1. 更新观念，实现学生核心地位的回归

众所周知，在传统的教育观念中，班主任是权威、是班级的主宰者，学生则是知识和道理的受体。试想，这样一种相对禁锢和专制的班级氛围，民主管理班级又从何谈起呢？因此，要培养学生民主管理的能力，就必须转变教师的传统观念，实现学生核心地位的回归。

实践证明，民主管理班级有利于调动学生的积极性，对自我管理能力与文明民主作风的培养意义重大，更是当今素质教育的重要途径。对此，我们绝不可因循守旧，重蹈覆辙。

从心理学角度分析，现代青少年独立性、自主性明显增强，对人格的自由发展充满渴望。尤其是高中学生成人感日益强烈，他们力求表现自己成熟的一面，如今的班主任不应以唯我独尊的姿态俯视学生，操纵班级的一切活动，而应进行角色转换，从"主导者"变为"引导者"，竭力鼓励学生参与管理。在教育学生的过程中，弘扬民主之风，让学生深切感受到师生是班级活动中平等和谐的双方。学生有义务积极参与班级重大问题的讨论，教师有责任洗耳恭听、取长补短，以激发学生主动参与班级管理的热情。

然而，引导学生全员参与并不容易，特别是胆量不够的学生或后进生。前者性格内向、不敢畅所欲言；后者心理体验中笼罩着较多的批评与训斥的阴霾，自卑感强，导致情绪得不到宣泄、意见得不到发表、心理障碍日益加剧。教师应该因势利导，打开他们的心扉，使他们体验到民主的广泛性、实用性。

2. 改变模式，完善班级民主管理的机制

在传统的管理模式中，教师的地位是至高无上的。班级管理中的重大决策往往是"一言堂"，班团干部一般由班主任提名或任命。即使更换也取决于班主任，学生很难插手，主动性与积极性长期受到压抑，严重制约着学生智能的发展。时值创新教育的今天，这种禁锢学生的模式岂有不变之理？

首先是强化学生的主人翁意识，使同学们认识到班级工作离不开师生，人人都可以对班级事务发表意见。从班规的制定到卫生工作的安排均可实行民主讨论，集思广益、达成共识。

其次是实行民主化管理，最大限度地调动学生的积极性，建立良好的管理机制。

其一，定期改选班团干部，强化学生的竞争意识

班团干部是班级机构的骨干力量，它关系到班级建设的成败。要推崇民主治班方略，班主任就必须把班团干部的选举权还给学生，充分相信他们的判断。从小组提名、协商确立候选人到正式选举都必须坚持公开、公正、择优的原则。在竞选过程中适时安排竞选演讲，使整个过程充满民主气氛。本学期我们改选班团干部就是这样操作的。通过公平竞争，"江南才子"终于被推上了学习委员的岗位，至于体育委员、纪律委员的更换也是民心所向、人尽其才。

其二，集思广益，逐步完善班级目标管理制度

俗话说，国有国法，家有家规。班级管理除了执行中学生日常行为规范外，每一个班还必须根据具体情况制定一些切实可行的班级目标管理制度，运用细则来约束全班学生。以往教师杜撰的较多，效果自然不尽如人意。而今民主治班，教师理直气壮地把权力交给学生，进而在反复酝酿的基础上提出可行性方案，按章操作。起初，我们一起制定了学习守则、劳动章程、寝室纪律、奖惩条例等一系列管理制度，大大加强了班级管

理的民主化、规范化。

其三，健全评议监督机制，培育学生"自我管理"的能力

班级管理制度一经形成，就必须严格实施，只打雷不下雨的做法会贻害无穷。作为班级管理的主体班团干部，工作的好坏非常重要，在实际工作中他们难免徇私舞弊，很有必要处于群众监督之中，尽量减少失误。保障民主的广度，提高民主的信度。本学期我们在对班团干部分工管理的同时，也建立了民主评议监督的机制。一方面要求干部月评时汇报自己的工作，听取群众意见；另一方面由5名人缘好、敢说话的非干部同学组成监察组，随时审定干部工作，并及时将情况反馈给班主任。全员参与、民主管理。

3. 注重实践，发挥全员主体参与的作用

如何民主管理班级？转变观念，完善班级民主管理机制是基础，具体落实到日常工作之中则是关键。对此，我们坚持了以下几点。

（1）实行"值日班长制"，促进全员管理

我们每周轮流由5名非干部担任值日班长，全权负责本周的日常管理工作。干部则与之密切配合，双管齐下，促使班级正常运转。

（2）开展民主监督工作，扬长避短

中学生难免有幼稚的成分，在民主管理班级的具体运作中出现偏差或错误不足为怪。因此，干部实施管理工作时，给予监督是我们的基本策略。一般由督导小组全体成员全程跟踪班级工作，定期公开评议、责令整改，并在期末投票选举"最佳干部""最佳值日长"，其他学生亦可随时发表意见。综合述评情况与班委改选、操行评定、学期总结、奖惩评比结合起来，形成一种卓有成效的民主管理体制。

（3）利用班团活动，培养学生的民主意识

班团活动从某种意义上说是体现学生才华、提高学生综合素质的主渠道，一般利用班会课进行。运作时我力求改变教师包办的局面，选择一些富有教育意义的主题，让学生各抒己见，寓自我教育于民主讨论之中。根据班情召开"早恋之我见""小议抄袭作业""新时代呼唤雷锋精神"等主题班会，均产生了良好的教育效果。此外，团支部开展的"我为希望工程献爱心""青春之歌卡拉OK大赛"也备受学生赞赏。可见，利用班会课这一形式开展大家喜闻乐见、丰富多彩的活动也是体现素质教育的好举措。

4. 辩证施教，强化师生民主集中的统一

民主治班就是师生相互协调、共同管理，既发挥学生的主体作用，又发扬教师的主导作用。任何一味强调或夸大民主的成分，进而排斥教师的主导作用的做法都是错误的，也是注定要失败的。从辩证施教的角度看，我们必须强调民主与集中的统一。鉴于学生的年龄、心理、知识与阅历的局限性，即使"充分民主"也难免在决策和执行中出

现偏颇或错漏，教师指导下的集中则可综合平衡、长善救失，使民主得到升华。所以，我们在制定班规、实施监督、进行评议等各项活动中，班主任必须较好地行使"集中"的权力，严格把关。这充分体现了师生互补性原则、民主科学性原则。

第一，坚持师生共同参与决策

班规制定与活动安排一般从学生中产生，经过师生审定后又回到学生中去实施，这样他们就比较容易接受。例如，犯了错误必须写情况说明（包括原因、过程、打算），这一规定就是在民主讨论的基础上敲定的。

第二，师生共同参与管理

共同管理的基本要求是师生拥有主人翁责任感，把创造一流的班风与学风作为共同的奋斗目标。目前容易出现的误区有：一是按传统方式班主任唱主角、干部打附和，学生自主能力得不到发展；二是走向民主化的极端，完全由学生自行管理，班主任则"袖手旁观"。从表象看，这种纯民主化的管理似乎极有利于学生自理能力的提高，其实不然。试想断线的风筝又怎能不偏离目标呢？我曾尝试过放手让学生分级管理，但由于部分干部原则性不强、胆量不够等原因，"民主"的背后隐藏了太多的"自由"，其后果是期中考试成绩滑坡。可见，师生共同参与管理是何等重要。

第三，师生共同参与监督

师生互相监督，从表面看，二者难以协调。其实，只要彼此坚持从班集体整体利益出发，一切问题就会迎刃而解。

我们班的监督机制主要包括两个方面：一是同学间的监督。其主要工作由督导员、值日班长、班团干部分工协作完成。这些人既监督别人，又接受别人监督，自成体系。例如，某班干部竞选演讲时斗志昂扬，但他"烧完三把火"之后又变得精神萎靡，有时自修课还讲小话。监督员让他写明情况，责令其改过自新。二是师生间的监督。老师监督学生，学生亦可监督老师。一般人认为，后者有悖常理，然而教师必须走出这一误区。常言道："人非圣贤，孰能无过""弟子不必不如师，师不必贤于弟子""能者为师，不耻相师"。古之先哲尚且如此，吾辈又何不放弃师道尊严的架子呢？如果班主任工作失误，便能虚心接受学生批评监督，并及时纠正错误，一定能赢得学生理解、支持和爱戴。相反，居高临下、盛气凌人就会失去民心，形成对抗。俗话说的身教重于言教就是这个道理。学期初，早练时本人因身体不适，偶有缺席，班上督导员提出意见，我心悦诚服，立即改正。后来大家看到我积极参加晨跑锻炼，几乎是风雨无阻的情景，无不为老师非凡的毅力所感动。

诚然，民主治班是一项科学而系统的创造性工程，并非一蹴而就。尽管这项工作尚处摸索之初，我们还是看到了成绩，看到了生机，看到了希望。虽然深入研究工作任重而道远，但是我们有信心：让民主治班蔚然成风，让文明建设绚丽多彩，让素质教育走向辉煌。

（2012年佛山市海南区德育论文征文评比一等奖）

例文四：我是学生师，学生是我友

论文导读： 毋庸置疑，教育教学工作中常会遇到众多难题，如何把握师生关系至关重要，因为只有以良好的师生关系为背景，教育教学活动才能顺利开展，设定目标才能有望达成，反之亦然。现代教育理念特别强调学生主体、教师主导的平等和谐师生关系与学生核心素养的落地生根。为此，我认为精心构建"亦师亦友"的师生关系实为当务之急，同时切实可行。

班主任是班集体的组织者和领导者，班主任工作是学校事务中最基层、最具体的工作，它直接影响着班风校风建设，在学校教育工作中具有举足轻重的地位。随着教育改革的深化，现代班主任的作用更大、要求也更高了。我认为班主任应具备老师与朋友的双重职能。

1. 为人师表，从严治班

我做班主任，自始至终心中一直有这样的信念：言传身教，认真负责，掌握技巧，做到敬业、精业、勤业。班主任与学生接触的机会最多，对学生的影响也最大，班主任的一举一动、一言一行对学生都能产生潜移默化的影响，我深知创建优良班集体的重要性，一个具有良好班风和较强凝聚力的班集体十分重要。我开始接手高三（14）班这个综合素质最差的班时倍感忧虑，体育生中"四大金刚"的加盟给我带来了很大的压力，有人说你要有牺牲我一个、幸福其他人的宽阔胸怀。我想，付出与回报能成正比吗？既然身教重于言教，那我就把在学生的心目中树立良好形象作为工作的重要一环，尽量以自身的人格魅力去影响他们、感染他们。经过一段时间的磨合，学生绝大多数认为我是一位班级管理严格、教学效果较显著、办事公正、关心学生、敢动真格的老师。每日坚持看早读与晚修、亲自清点卫生死角、发现问题及时批评教育的做法让一些调皮的学生感到十分紧张，于是他们张扬的翅膀慢慢开始收敛。

班级教育的实施关键在于做好三项工作：第一，充分发挥班主任的主导作用。具体体现在"一带二导"上："带"就是要发挥班主任的示范作用，处处为人师表。"导"就是要求班主任抓养成教育的计划性要强，工作思路要明确，操作方法要恰当；针对学生的实情，养成教育的重点是培养学生遵守纪律、勤奋学习、文明礼貌、锻炼身体的良好习惯，使他们学会做人、学会学习、学会办事、学会健身。第二，探索正确的教育思路。德育工作包括知、情、意、行各个环节，它们之间是彼此联系的。对中学生而言，养成教育难在激情、重在导行。第三，讲究正确的教育方法。建设理想班集体是目标，培育班团干部是关键，转变后进生是捷径，积极开展教育活动是保障。只有这样全方位协调发展，才能达到理想的治班境界。

2. 友爱学生，民主管理

全面了解关爱学生、与学生打成一片、实施民主管理、建设优秀班级的关键在于：

（1）倾注"四心"

其一是爱心。热爱学生是班主任教师的修养，更是教师这一职业所要求的最基本的感情倾向。对学生的热爱并非简单的个人感情问题，它可以通过教育实践加以培养。热爱学生就要保护学生的自尊心。如果折断了学生自尊心这个翅膀，学生就会丧失学习信心。青少年学生的心理特点决定了班主任思想政治教育的方式必须以学生为主体，相信、尊重他们，摆正班主任和学生的关系。尤其要关心生病的学生、成绩较差的学生、调皮捣蛋的学生，与他们谈心打球，鼓励他们自强不息。

其二是宽心。宽容之心是每个人都需要的。但要想别人宽容你，你必须先懂得去宽容别人，对学生更是如此。宽容他们的不足，宽容他们的失误，宽容他们的个性。常言道，金无足赤，人无完人。宽容之心还包括要有耐心，凡事要留有余地，切不可急功近利。

其三是虚心。班主任要不断改进思想政治教育方式，注意克服自己工作中的不足，严于解剖自己，努力培养民主的气氛。虚心接受学生的意见，对学生的正确意见，要注意听取；对学生不正确的意见，要正确分析。班主任既是做人的楷模，又是治学的表率；既是严格的师长，又是知心的朋友。

学生期望班主任能给他们以丰富的知识，同时带来快乐的生活。如果班主任只有冷峻、威严、独断，学生就会敬而远之，给工作带来阻力。班主任在运用自己的权威时，要注意在尊重、信任、爱护和理解学生的基础上，以高尚的情感启迪学生的心灵。

其四是公心。班主任还要一视同仁地与学生交往。一般来说，问题学生会给教学工作带来较多的困难，这些学生往往是不讨人喜欢的。如果班主任也对这些学生采取讽刺、斥责、惩罚等方式，那只能导致教育的失败。

（2）民主管理

贯彻民主的原则，还必须注意正确处理疏导和管理的关系，避免陷入放任自流的极端。

班主任的工作是一项十分复杂而具体的工作。他们既不是一味地发号施令、指手画脚的长者，也不是事必躬亲的领头羊，更不是全天候的保姆。作为一位现代的班主任，对班级的调控能力是至关重要的，必须在民主的基础上搭建好三个平台。

其一，搭建制度平台。建立科学完善的规章制度是班主任执行班级管理的第一手，否则管理就会流于形式。建好制度平台并不容易，它必须具备科学性、公众性、激励性、引导性四个特点，并采取严格督查措施、完善操作流程。

其二，搭建情感平台，即通过情感纽带把老师与学生联结成一个团结战斗的集体。一个好的情感平台必须具备如下特征：工作上的互相协作，生活上的互相关心，思想上的互相理解，心理上的互相依赖，行动上的频繁往来，真正以情感人。

其三，搭建风气平台。怎样搭建一个良好的风气平台呢？我们必须首先鄙弃恶性竞争，在民主的基础上形成一种公正平等、团结互助、严肃认真、开拓进取的良好班风。

3. 张弛有度，辩证施教

严爱并举、抓放结合、因材施教是我的第三项治班原则。我认为严与爱是刚柔相济两种教育手段，严是强心针，爱是雨露阳光，是完整教育不可或缺的因素。班级工作要以关心爱护全体学生为出发点，张弛有度。我们所说的严就是严格进行常规管理，纪律从严，落到实处就是必须勤字当头。我们所说的勤就是要做到腿勤、嘴勤、手勤。腿勤，即班主任要坚持到岗，经常深入学生之中了解第一手材料、因材施教。嘴勤，即教育在前、预防为主，坚持说理，以理服人，防患未然。手勤，即班主任率先垂范，导之以行，使学生在班主任的影响下潜移默化、健康成长。

当然，在严的基础上爱抚学生也十分重要，只有充满爱心的教育，才是愉悦的、理想的、崇高的。我们所指放是根据主体教育思想，逐步建构学生自我教育、和谐发展的班级管理模式。当代中学生正处在一个开放的年代，他们的自我意识、独立意识、创造意识逐渐增强，他们反对保姆式的教育，渴望在班级活动中自我组织、积极参与，展示才华、张扬个性。这对于加强班级管理、培养学生综合素质是大有裨益的。严和爱是辩证的统一，只要我们寓严于爱、张弛有度，班级建设就能事半功倍。

（1）正确开展批评

"沉默是金"是一句格言，沉默的意思有时是赞许，有时是反对，有时是同情，有时是厌恶，有时预示着爆发……沉默是一种无声的语言。

班主任在批评和劝诫学生时，经常把学生说得一无是处，指责其无知、无能、无理，这种批评容易有损学生的自尊心。因此，班主任应该在不伤害学生的原则下批评学生。有时沉默可能是一种更有效的批评。批评教育要有"耐心"，常常听有些班主任抱怨，班上的学生不听话，殊不知，教育学生是个长期的过程，"一口吃不出胖子"，我们在工作中要动之以情、晓之以理、持之以恒。例如，处理班级卫生不达标、个别学生迟到等问题，切不可操之过急，因为好的习惯不是一朝一夕养成的。

（2）不断激励学生

利用学生好奇好强、不甘落后的特点，激励学生进步。一是历史伟人、民族英雄、革命导师、著名科学家思想家和各方面的杰出人物。他们不平凡的一生对学生有极大的吸引力。二是教师、家长和其他长者。尤其是家长和教师，他们的一举一动对学生都有示范作用，而且身教常比言教能产生更大的影响。三是学生中的榜样。这些榜样跟学生们学习、生活在一起，经历基本相同，环境影响也差不多。尽管学生中的榜样不可能那么完美和稳定，但他为学生所熟悉，易为学生所接受，可以促进学生互相学习、你追我赶、共同提高。

进行激励教育，要善于发现学生身上的优点，对学生某些缺点不抱成见，不夸大。要善于寻找学生身上的某些闪光点，要借助学生优点去克服缺点。恰当的表扬无论是对个人还是班级都十分重要，有利于形成比学赶帮的良好风气。

（3）加强感恩教育

西方很多国家都有"感恩节"，中国有"滴水之恩，涌泉相报"的箴言，都与感恩有相通之处。感恩我们的父母吧，是他们给了我们如此美好的生命，让我们成为万物之灵——人；感恩我们的师长吧，是他们给了我们知识，启迪了我们的智慧，让我们的人生有了精彩的创意；感恩我们的朋友吧，是他们在我们最困难的时候给了我们无微不至的关怀，为我们排忧解难，让我们渡过难关。

（2005年被评为广东省中小学优秀思想品德教育论文）

例文五：正当处罚也是一种教育

论文导读：惩戒教育自古有之，只是在强调现代激励教育主旋律的背景下才显得有所弱化。处罚也是一种教育，实践证明，其独到作用是无可替代的，没有处罚的教育是不完整的教育，对策可谓众说纷纭。试想，在开展激励教育的同时，教师对违纪严重的学生适度惩罚、严厉施教又何尝不可？处罚与奖励对立统一，请问如果只奖不罚，又怎样体现奖罚严明？

教师对学生进行处罚是相对说理而言的一种严厉行为，处罚作为奖励的对立统一面，也是教育者在教育行为中的一种激励手段。如果我们只奖不罚，那就无所谓奖罚分明。处罚这种教育手段源远流长，它的存在自然有其合理的一面。说理就是讲道理，更是一种常见的、行之有效的教育方法，为广大教育工作者所青睐。但它并非万能，也无法取代必要的处罚。二者紧密联系、相互影响。我们应该怎样合理、科学地运用正当的处罚手段以谋求最佳的教育效果，为学生优秀思想品德的形成做出积极的贡献呢？

我认为，处罚是教育者在说理、感化无效的情况下，做出的对不良行为的强制性纠正。它可以体现在精神上、行为上，它的威慑力在于警示犯错误的学生认识到过错的严重性，从而使错误行为得到遏制，同时使其他学生受到深刻的教育，杜绝类似错误的发生。实践证明，对学生中经常犯错、屡教不改、自制力差的成员适当实施处罚往往能取得令人满意的效果。所以在积极主张正面激励说理教育的今天，我们切不可谈"罚"色变，对学生的某些错误只停留在口头说教上，甚至一味姑息，适当的处罚是必不可少的。从某种意义上讲，没有处罚的教育是不完整的教育。对于处罚教育，我们可以从以下几个方面去尝试。

1. 严谨务实

处罚是一种教育手段，不可不用，但不宜多用，更不能滥用。因为处罚是教师对违纪学生的一种惩治，带有一定的强制性，对学生的影响力度较大。教者必须以严谨务实的态度来对待。我想首先要深刻认识它的必要性，即处罚是教育学生的另一种手段，与说理教育相比只不过严格一点、强硬一点、具体一点。其次要了解实施处罚教育的范围，通过处罚教育重塑学生良好的公德心、责任心、自尊心，进而使他们严格自律、举止文明、行为规范，做一个有理想、有道德、有纪律、有文化的"四有"新人。如果用处罚解决不了问题，那就最好不用，否则可能产生适得其反的效果。因此，当你决定使用处罚手段时必须慎之又慎，三思而行。俗话说"法不责众"，教师心中必须有明确的处罚对象与处罚原则。对于具有较大破坏性和危害性的行为，可按校纪校规来严肃处理；对于常规方面的过失行为应按班规予以追究。学生犯了错误，教师要先行说理教育，通过耐心的谈话让学生明白自己错在何处，该接受何种处罚以及教师实行处罚的目的，尽量让学生心悦诚服。切不可小题大做、掩盖问题、激化矛盾、触犯众怒，一定要秉承实事求是、有错必纠、违纪必究的原则；当然，教师批评的语言、场所、方法也要讲究艺术，同时对学生处罚要言必信、行必果，否则，处罚也就失去了惩戒作用。

2. 妥当精妙

教师的处罚如同针灸用的银针，应扎在痛处、扎在痛时，也就是要坚持有的放矢、对症下药的原则。教师的处罚要考虑到学生所犯错误的性质、影响、动机以及认识态度。例如，对无故不完成作业者监督补做，对逃避劳动者规劝劳动，对破坏卫生者责令清洁，对损坏公物者要求赔偿，对迟到早退者留置补课，对错误严重者坚决给予校纪处分。实践证明，诸如此类的处罚是十分必要的，也是单纯的说理教育所不可取代的。在实施过程中应该注意不要用过量或过重的体力劳动来惩罚学生，更不能使用歧视、侮辱、威吓的手段，其结果只能是伤害学生的自尊心，造成反叛行为。对学生的处罚必须目标明确，一旦学生改正了错误，处罚便应适可而止，而且要恰当地给予表扬和鼓励，让学生感觉到教师的处罚对事不对人，有错不可怕，改了就好。这样，学生就能坦然地面对缺点和错误，为回避处罚更好地约束自己的不良行为，从而养成良好的行为习惯。

处罚的方式多种多样，主要有以下几种：一是表示否定的语气和表情；二是口头批评；三是警告；四是记过；五是留校察看；六是开除学籍。此外，还有其他切实可行的方式。对这些方式，作为教者，可谓"运用之妙，存乎一心"。根据学生实际情况巧妙施教往往能取得四两拨千斤或者说事半功倍的效果。在学生成长的过程中，有时会因控制不住自己的好奇心而过失犯错，这时我们应针对其犯错误的动机来处罚他们，使其扬长避短，以取得更好的教育效果。例如，我班曾有一电游迷，千方百计躲到校外玩电游，时有旷课甚至彻夜不归，影响较坏。对此除了说理教育、责令反思、深刻检查之外，"罚"他插入学校的中学生电脑竞赛班学习，每天加班自学一小时，经过一年的磨炼，该生兴趣成功地发生了迁移，在全区电脑网页制作大赛中荣获一等奖，有时连老师在使用电脑时出现的故障他也能排除。后来，他对老师学校心怀感激。我们知道，处罚教育的前提是尊重孩子的人格，是以不伤害受处罚者的身心为基础，在涉及道德问题的处罚时，教师要特别慎重，坚持以人为本的育人原则。体罚学生是违法的，心罚学生是可怕的，因为那将是一个永远的惩罚。生活中某些做法看上去好像是对不良行为的处罚，然而结果并不理想。例如，一个上课喜欢出风头且态度傲慢的学生，表现欲强，教师的当众批评常常会成为对他的一种愉快的刺激或虚荣心的满足，一旦公开顶撞往往会使老师骑虎难下。为此，我们只能另辟蹊径，以冷处理为妙。

3. 跟踪引导

对学生实施处罚是为了更好地实现教育目的，但它只能是一种辅助的教育手段，说理教育必须贯穿教育的全过程。因此教师需要对受处罚学生进行全程跟踪，时刻关注学生的思想变化，鼓励学生说出自己的切身感受和真实看法。在此基础之上晓之以理、动之以情、导之以行，这样就能提高教育效率。教育处罚不仅是针对学生，还应该牵涉到教育者本人。教师应一边跟踪，一边反思自身有无过错，实施的处罚是否过于严厉、苛刻，并及时找学生谈谈自己的感受，让学生知道老师也是迫于无奈，也在为他着急。这样的处罚教育才能更好地体现师生平等，更富有人情味，更利于理解与沟通。教师要善于跟踪观察学生的情绪状况，如果学生的情绪正常，就说明处罚起作用了，教师应鼓励学生再接再厉、超越自我；如果学生出现反常现象，教师应积极疏导，杜绝"自暴自弃"等不良后果的产生。同时教师也不要操之过急，应允许学生有适当的行为替代过程，而不是立竿见影、一步到位。切忌对学生处罚之后放任自流，甚至歧视冷落，因为那样有可能会使一部分意志薄弱或叛逆的学生背道而驰，其结果是让我们的教育前功尽弃。

可见，我们还要强调的是，实施处罚教育必须讲究技巧、掌握分寸，即该罚则罚、切莫乱罚，轻罚重罚、三思而罚，罚后跟踪、辅之诱导。

诚然，我们崇尚的处罚要求以不损害学生身心健康为前提，任何有损学生人格与身心发展的做法都是不道德的，甚至是违法的，也是与我们的教育宗旨格格不入。我们追求的是一种恰到好处、能让学生心悦诚服地受到教益的处罚，我们追求的是一种说理与处罚教育的有机结合、相得益彰、发展延伸的理想境界。

没有惩罚的教育是不完整的教育。认为可以运用处罚手段，并不等于提倡处罚；在现代教育中应尽量避免使用，但十分必要时教师应保留使用的权力。说理与处罚二者应该是一种辩证统一的关系。事实上，"在一些特殊的案例中，运用处罚更为有效"。处罚是一个"修枝去杈"的过程，其目的在于治病救人，培育学生承担错误的勇气和责任心，通过处罚严格规范学生的行为，使之成为身心健康、全面发展的栋梁之材。

（2008年南海区优秀班主任工作经验交流座谈会上的发言稿）

例文六：响鼓也要用重锤

——桂城中学高考地理第一名的案例分析

论文导读：为了提高教师实施教育管理的成效，往往需要教师不断总结反思、扬长避短，于是教育教学个案便成了一个有力的抓手，学校日常教育教学工作每到期末阶段，各职能部门务必安排相关教师做好小结，撰写教学案例就成了一线教师的新常态。如何简明扼要地完成案例分析？我认为必须做到：立意新颖、材料典型、结构严谨、表达规范。本文撰写的是一个学科成功、成绩优异的案例，值得借鉴。

1. 个案概述

2008年高考虽然早已落幕，我的心绪却久久不能平静。我执教的27名地理生参加高考，地理平均107.58分居南海区第二名，其中120分以上的6人，优生面较大，张莉同学以高考地理123分的成绩夺得全校第一名，尽管离理想目标尚有差距，但还是成为学校的亮点。因为其地理成绩突出，加之其他学科发挥不错，所以她以总分575分的优异成绩实现了考取重点院校——华南师范大学的理想。

2. 问题诊断

张莉同学的特点是学习基础较好，高二分科时总成绩名列年级前50名（在文科生中已相当不错），内向文静、个性鲜明，喜欢电脑，逻辑思维能力强，学习劲头一般、反对死记硬背。对地理学科有较浓厚的兴趣，地理基础好，具有一定优势，在高一、高二时曾参加南海区、广东省的天文知识与地理奥林匹克竞赛，成绩良好。课堂上善于思考问题，表现出一定的地理知识广度与深度，具有独特的思维视角。数学成绩一般，综合科成绩突出，是一个做选择题的高手，综合素质良好。因此她选修地理学科，一方面是因为她爱好地理；另一方面是扬长避短，发挥学科竞争优势的必要。总之，她是一个颇有地理潜能与培养前途的好学生。

3. 问题解决

（1）基本策略

① 努力激发她学习地理的兴趣与动力，巧妙灌输地理天地大有可为的学科思想。

② 正确引导她深刻解剖自我，增强自信、扬长避短，以地理学科优势引领其他学科实现高考成绩全面提升。

③ 强化基础、突出能力，积极培养其良好的地理素养与思维品质，进而以不变应万变，决胜高考。

④ 切实做好因材施教、查漏补缺工作，加强个别教育发展地理优势。

⑤ 注重心理健康辅导，使其保持良好稳定心态，努力克服情绪化问题。

（2）辅导过程

根据张莉同学的基本情况，我做了如下几项具体工作。

第一，激发地理情趣，及时发现苗子

在高一开设必修地理时，教师应在搞好常规教学的同时，千方百计激发学生的地理兴趣，及早发现地理苗子，鼓励他们选修地理，立志成为地理人才。张莉同学地理方面的才能在高一时就有所表现，于是她被选拔参加了学校的天文兴趣小组，进而在老师的辅导下取得优异成绩，脱颖而出。

第二，加强课外阅读，拓展地理视野

针对地理生知识面相对较窄的现实，地理教师必须充分利用其爱好地理学科的特点，指导他们订购与借阅一些地理资料和书籍，并有目的地指导其阅读，寓教于乐，丰富地理知识。高二分科之后我主动引导张莉等同学订购了适合高中生的地理书刊——《高中生地理》《考试报》《旅游天地》《天文知识》《军事地理》等。同时我还将自己有限的地理藏书与他们分享；经常利用晚上下班辅导时间就一些难点、热点地理问题广泛交换意见（主要是尖子生）；启迪发散思维，有意识地培养其分析评价地理事物及地理成因规律的能力。

第三，充分利用课堂，坚守教学一线

课堂是教育的主阵地，务必坚守。新课标要求教师实施课堂教学必须以学生为主体，坚持启发探究的原则，经常有目的、有计划地引导他们积极参与课堂，如有意识地让张莉在课堂中大胆地发表自己对一些地理问题的看法，甚至跟同学们讲评一些习题，介绍一些地理学界的热点知识。这样既有利于培养她分析解决、归纳阐释地理问题的能力，又有利于发挥她的地理特长，增强自信。为激发课堂气氛，提高教学效率，必要时我还会将凤凰台的《时事讲评》《小莉看世界》《军情观察室》等栏目中与地理相关的经典内容搬上讲台，以补充有益的地理信息与知识。

第四，注重基础知识，努力提升能力

高三第一学期我竭力引导她依纲扣本，认真过好教材关、考点关，强调理解记忆、精练巧练；高三第二学期对她的辅导重点在于地理知识的综合训练与应试技巧突破，此外，查漏补缺的落实、自主学习养成教育、创造性思维能力的培养也是不可忽略的。

第五，加强学法指导，坚持因材施教

对张莉同学的个别辅导是一项经常性的工作，无论课内与课外，我都适时展开。例如，经常个别讲评练习试卷、重难点。按照学校培优计划，每周二、周五各有60分钟的集中辅导。后期在试卷分析与练习讲评上我用足了功夫，每次分析得失就像面批作业一样认真细致。平时测试她选择题做得好，综合题就有些偷工减料，有时卷面书写马虎。为此，我常常引导她做第一卷时不要把简单的问题复杂化，力争稳拿高分，做第二卷时审题要严格、答题要全面、详略得当、语言规范、字迹工整。同时适当补充地理复习资料，保证她有充足的自主学习时间与空间，高标准严要求。

第六，注重心理辅导，确保良好心态

教师要及时与学生进行情感的沟通，平时检测中，她成绩不理想时认真帮她分析原因，积极鼓励和指导，在她情绪低落、信心不足及学习进入误区时及时与她谈心，主动倾听她的心声，尽量走进她的内心世界，必要时与家长联系，共同教育，帮助她及时克服纠正"情绪化"问题，减轻压力、舒缓情绪、指明方向，因为智慧源于深爱，细微之处方可见真情，深爱与真情才能化作春风和细雨。

4. 反思与感悟

张莉同学的培养过程使我认识到：

其一，尖子生源自后天塑造。老师能根据学生的爱好和特长因势利导，并为她提供和营造良好的发展环境与土壤是十分必要的，也是行之有效的。地理尖子生不是异想天开的中彩，而是像其他学科一样从众多优生群体中脱颖而出的佼佼者，所以教者必须注重学生综合素质考查与后续培养。

其二，尖子生的培养是一项系统工程。必须有计划性、系统性、科学性，同时确定好适当范围，做到早发现、早落实、早培养。同时需要学校领导与地理教师及学生主体的通力合作。

其三，迫切需要学校重视地理学科。地理学科一般是学校的弱势群体，难免受到歧视与矮化，这种不公正的待遇必须彻底纠正。在此，我要大声疾呼：为中学地理及时提供一个公平竞争的教学平台，使地理教师同样拥有属于自己放飞理想的自由空间。

（2008年佛山市南海区高考学生个案分析征文评比一等奖）

例文七：特别的爱给特别的你

——"学困生"转化工作新思考

论文导读：目前，学校日常教育教学工作日益规范，每到期末阶段，各职能部门务必安排相关教师做好工作小结，撰写教学案例便成了一线教师的新常态。如何简明扼要地完成案例分析？我认为必须做到：立意新颖、材料典型、结构严谨、表达规范。教学个案可以反馈不同学生个性特征，本文另辟蹊径，撰写的是一学困生成功转变的案例。

学困生是一个老生常谈的话题，学困生是一块让教师头痛的心病，学困生是一顶令学生伤感的帽子。然而，又有多少人知道这个相对弱势的群体最需要的是特别关爱呢！

1. 学困生面面观

曾几何时，不少人把学困生说成是"学业不良"或"思想落后"的学生？后来便有一些学者研究认为：学困生是学业失败的学生，是智力水平与实际学业成绩存在显著差异的学生，是智力得不到正常开发、达不到教学大纲要求的学生。《教育词典》中对后进生却是这样定义的：在班级中经常违反道德原则，或犯有严重过错的学生，他们常常表现为思想觉悟低，不遵守纪律，不能完成学习任务。

尽管后者的界定具有一定的权威性，但我认为如此说法往往不可避免地存在偏差。就学习而言，学生的表现和成绩很难真实地反映出学习状况，它是诸多制约因素的综合反映。就学生思想品德而言，学生外在的行为表现与其内化的道德行为标准存在很大的差距。学生行为的模糊性、自我认知的不稳定性，教师评价的主观性均不可忽视。在我看来，人们所说的学困生是一个相对的、片面的概念，他们并非差生，更不是智障生，学业与思想的"后进"是暂时的、局部的，他们所蕴藏的潜质与抱负才是闪光的、永恒的。

2. 学困生成因论

众所周知，学困生的成因是多方面的。其一，放任自我、学不得法是主观方面的主要原因。当代学生独生子女居多，一旦缺乏自律就有可能自由主义、思想涣散、学习马虎、得过且过。其二，执教不严、管理不善也是部分学校工作的薄弱环节之一。学校是教书育人的主阵地，对于个别基本素质偏低的学生，教师有责任因材施教、特别关爱，否则就有可能演化成一种失职行为。其三，娇生惯养、疏于诱导更是不少家长教育子女失败的关键所在。一般父母对孩子重养身轻养心，平时缺少跟踪分析、理解沟通、严格教育，片面认为教育是学校老师的事情，殊不知，这是大错特错的观点。由此出现的教育断层，后果贻害无穷。其四，复杂的社会环境是口大染缸，其影响是难以估量的。开放的年代无奇不有，可谓鱼目混珠、良莠不齐、充满诱惑。青少年学生欲出淤泥而不染谈何容易！诸此种种，校园里存在学困生群体自然正常。如果我们尽可能尝试用爱去占有他们的心灵，后进面就会大大缩小，"学困"变"先进"的步伐也会大大加快。

3. 学困生促进法

面对比较热的学困生转化问题，我们必须冷静地思考。学困生和其他学生一样，正处在生理和心理急剧变化阶段，是接受教育的最佳时期。如果教育者有目的、有计划、有组织地培养学生优秀的个性品质，就能使他们健康地成长。其中，班主任的作用尤为重要，具体来讲，我们要努力做好下列工作。

（1）更新观念，倾注爱心

教师一方面要正确认识学困生，切忌把他们同"双差生""智障生"混同。从严格意义上说，没有真正的后进生。现代教育理论认为：只有暂时"学习不良""思想模糊"需要帮助的学生。可见，教师对学生的定位何等重要。成功的教育是面对全体学生的教育，否则就会伤害学生的自尊心，挫伤他们的积极性。我们应该坚定不移地认为：面对的每一个学生都是大有可为的社会主义接班人，我们有责任去关爱他们、培养他们、开发他们。另外，最好不要给学生人为地贴上后进生的标签，因为教师这种公开的分类或暗示会对学生产生一系列的负面影响。对于心理素质偏差的学生而言，学困生的标签常会使他们把很多不良行为合理化，形成破罐破摔的定式，人际关系随之出现紧张的局面，甚至造成学生人格的自我否定。按多元智能理论的视野来观察学困生，他们是不能用单一的智商分数来衡量的，更不应该用主科成绩来片面地评价他们的学识水平。他们有自己的优势（闪光点），不再是难以转化的学生。只要广大的教育工作者（包括社会、家庭）树立科学的智能观、正确的学生观，全方位、立体地审视他们、热爱他们、教化他们，暂时的学习障碍就一定能克服，心灵的坚冰也一定会融化。

（2）充分挖掘，优势互补

每个学生都是老师心目中的一面旗帜，学困生也是如此。作为教者，有责任善于发现学生的优势智能领域，引导他们正确评估自我、及时寻找闪光点，增强自信、挖掘潜力，实现技能迁移、扬长避短，开辟"柳暗花明又一村"的美好前程。

多元智能理论认为，通过智能的展示发现学生的优势与弱势领域，目的在于将优势智能领域的特点迁移到弱势智能领域中去，以促进学生获得全面均衡的、富有个性的发展。未来社会是一个政治多级化、经济全球化的大舞台，需要具备各种智能的人才去演绎。每一个人都要坚信天生我材必有用。教师更应该帮助学生充分调动内驱力，实现学生身心全面和谐发展与智能迁移。比如，对动手能力强的学生，引导他们从积极操作中发展逻辑才能；对组织能力较强的学生，可以使其在人际交往中发展自身的语言能力与协调能力。

（3）精心指导，培养能力

目前，我们正面临着一个知识爆炸的年代，它给我们带来的不仅仅是机遇，更多的是挑战。终身学习、研究性学习已成为时代的最强音。每一个人最重要的是具备适应社会的能力，那么教师的教学自然要在培育学生能力上下苦功。其一，注重非智力因素。对学生进行兴趣、意志、品格的培养，积极进行"四心"教育，即教育学生树立信心、铸就恒心、养成静心、胸怀虚心，使之想学、乐学、会学。其二，加强学法指导。学习暂时困难的学生往往自觉性不强，上课注意力不集中，课后作业马虎，忽视预习、复习工作，缺乏科学的学习方法，因此我们要充分调动他们学习的积极性，教给他们阅读教材、分析教材、预习、听课、复习的基本方法，使他们养成联系实际研究性学习的良好习惯。同时鼓励学生开展一帮一的竞赛活动，建立互助小组，重视共生效应的发挥。其三，坚持家教结合的原则。教育学生是一项系统工程，学校、家庭、社会是一个不可分割的整体，学困生的形成是多方面的，我们必须采取联合攻势。实践证明，孤军奋战往往顾此失彼，效果不佳。为此，教师特别是班主任应主动与家长配合，联系社会环境对学困生进行恰如其分的分析，悉心观察、耐心教育、晓之以理、动之以情、导之以行，坚持不懈地做好转化工作。

（4）不断激励，超越自我。

激励是一种常见的行之有效的教育方法，也是我们实施正面教育、快乐教育的重要举措。教师与后进生打交道，激励是彼此和谐相处的润滑剂，是兴趣之源、动力之源、自信之源。对于学生，教者应毫不吝啬地鼓励他们战胜困难、跨越障碍。到底如何激励呢？这就要求教师不仅要善于发现他们的闪光点，而且要进一步诱发其闪光点。个别学生蒙受过多次失败的打击，思想包袱重，教师上课时要倍加呵护、设法引导他们感受成功的喜悦，进而激发他们奋发向上的欲望，获得事半功倍的效果。

重视学困生的教育转化工作十分重要，千万不能以"朽木不可雕"为借口而放任自流。俗话说："精诚所至，金石为开。"只要我们坚持不懈地实施素质教育，他们就一定能不负众望、超越自我、创造奇迹。让人生撞击出壮丽的闪电！

（本文荣获2010年佛山市南海区高考学生个案分析征文评比一等奖）